14,80

August Paterno

Die Fastenspeisen der Pfarrersköchinnen

HERDER / SPEKTRUM

Band 4404

Das Buch

Leib und Seele gehören zusammen wie Fastengedanken und Kochrezepte. Fasten – das muß weder der Lust mühsam abgetrotzte Kalorienrechnerei noch gesundheitsfundamentalistischer Triumph über die Bedürfnisse des Körpers sein. Fasten meint Innehalten, auch mit dem Kopf, meint Verzicht, auch für den Körper, und bedeutet Klarheit und Gelassenheit – und schließlich Freude am Genuß. Und Kochen sollte keine geist- und gedankenlose Sache sein. In diesem Buch kommt beides zusammen: kluge und unterhaltende Texte zum Innehalten und zum Aufhorchen. Und Speisen für den Fast- und den Festtag. Die besten, nicht immer mageren Rezepte aus Klöstern und Pfarrhäusern sorgen für die nötige ganzheitliche Entschlackung des Körpers.

Betrachtungen über Askese und freiwilligen Verzicht, über Ramadan und Suppenluxus, über Strudel und Politfasten machen deutlich, daß Fasten über Jahrhunderte und über Kulturen hinweg mehr ist als Kasteiung oder Dogmatismus: daß es ein Weg ist zum eigenen Ich und zu sozialer Verantwortung. Ein Buch voller Ideen für Leib und Seele – nicht nur zur Fastenzeit!

Der Autor

August Paterno, geboren 1935, wurde nach dem Studium von Theologie und Philosophie Priester und war von 1967 bis 1987 Professor an der Handelsakademie Bregenz. Er ist Autor zahlreicher Hörfunk- und Fernsehsendungen (ORF) und Bücher.

Unter Mitarbeit von

Christiane Holler, geboren 1955 in Wien, freiberufliche Autorin und Journalistin. Sie arbeitet für Hörfunk und Zeitschriften (Wissenschaft und Religion) und hat zahlreiche Sach- und Kinderbücher veröffentlicht.

Franz Severin Berger, geboren 1945, Fachingenieur und Ethnologe, seit 1980 freier Autor für Bühne, Hörfunk, Schauspieler und Regisseur. Er hat Sach- und Kinderbücher veröffentlicht.

August Paterno

Die Fastenspeisen der Pfarrersköchinnen

Besinnliches für Leib und Seele

Unter Mitarbeit von
Christiane Holler und Franz Severin Berger

Herder

Freiburg · Basel · Wien

Gedruckt auf umweltfreundlichem,
chlorfrei gebleichtem Papier

3. Auflage

Alle Rechte vorbehalten – Printed in Germany
Verlag Herder Freiburg im Breisgau 1995
Lizenzausgabe © 1994 Verlag Orac im Verlag Kremayr &
Scheriau, Wien
Herstellung: Freiburger Graphische Betriebe 1997
Umschlaggestaltung: Joseph Pölzelbauer
Umschlagmotiv: © 1985 Quintet Published Ltd
ISBN 3-451-04404-8

Inhalt

Vorbemerkung

Noch sind die Zeiten nicht lange vorbei, an denen es unverständlich gewesen wäre, auf die Weise und in der Form über das Fasten zu reden oder zu schreiben, wie ich es hier tun werde. Ich wäre mir vorgekommen wie der Wasserverkäufer in Bert Brechts „Der gute Mensch von Sezuan", der zur Regenzeit Wasser verkaufen wollte und deshalb schier verzweifelte, weil er für sein Wasser keinen Abnehmer fand.

Inzwischen hat sich so manches verändert, und das Wort „fasten" ist beinahe zu einem „In"-Begriff geworden. Allerdings haben ihm vor allem Überernährungs- und Verdauungsprobleme den heutigen Stellenwert verschafft, denn das „Fasten" hatte immer das „Abnehmen" als kleine Schwester bei sich. Diese Begleiterscheinung ist aber unbedeutend. Deshalb halte ich es für gut, richtig und wichtig, auch über Dinge zu reden, die zu einem besseren Verständnis dessen führen können, was Fasten wirklich bedeuten kann, und zwar christliches Fasten. Denn das Fasten der Christen hat seine ganz speziellen Seiten und tiefe Wurzeln, die bis tief in die Wurzeln der menschlichen Geschichte, dann des Judentums – oder für uns Christen verständlicher gesagt: in das Alte Testament – hinabreichen.

Fasten ist schon aus diesen Wurzeln heraus, das werden wir bei der Untersuchung der Quellen leicht entdecken können, ein vielseitiger, ein bunter und attraktiver Begriff, weil es mit einem glücklicheren, erfüllteren und sinnvolleren Leben zu tun hat. Und wenn man nun zu den Wurzeln geht, zu den Quellen, entdeckt man gangbare Wege zu mehr Glück, zu mehr Leben und zu mehr Sinn, der darin besteht, daß mehr LICHT auf unseren Lebensweg fällt. Dadurch wird unser Leben heller, einsichtiger und ruhiger.

Wir sehen dies an Beispielen unserer reichen Glaubensgeschichte: Moses, der sein Volk aus der Sklaverei in der Fremde befreite; der Prophet Elias, ein Kenner der Seele und Kämpfer für den Glauben an den einen und einzigen Gott; oder der Prophet Jesaja, ein kluger Mann, ein großer Dichter und scharfer Kritiker einer Politik, die gegen den Menschen gerichtet ist; und letztlich und damit in einer langen Tradition stehend: Jesus von Nazareth. Sie alle haben bewußt gefastet und durch ihr wiederholtes Fasten den Menschen bis auf den heutigen Tag Wege zu einem sinnvolleren Leben gewiesen.

Das Band, das sie alle verbindet, ist der Weg in die Stille. Da wird die Außenwelt abgeschaltet, da hört man auf seine eigene, seine innere Stimme, da nimmt man sich Zeit für sich selbst, und diese Zeit füllt man mit dankbaren Gedanken über jenen, der uns das Leben und diese Welt der Bewährung geschenkt hat.

Betrachtungen
über die Geschäftigkeit

Fasten ist ein Weg zu sich selbst – indem man sich vom Alltag löst, von den Zwängen des Alltags, von dem, was auf uns lastet. Das heißt dann schlicht und einfach: nachzudenken über das, was uns im täglichen Leben so wichtig scheint, und dann ehrlich zu fragen, ob es denn wirklich so bedeutsam ist. Fasten ist daher innehalten und ruhig sein, einmal gar nichts tun, sich nur hinsetzen oder hinlegen und auf seine innere Stimme zu hören. Erst im Nichtstun und im Nachdenken kann man die Befreiung spüren, der Stacheldrahtverhau ums Herz fällt und gibt den Blick frei auf die wirklich wichtigen Dinge im Leben.

Dieser Gang zu sich selbst und die Kritik an den „ach so wichtigen" Dingen ist eine uralte Forderung. Sie hat schon früh auch literarischen Ausdruck gefunden in einem Text, der mich immer wieder nachdenklich stimmt. Inhaltlich ist er „urchristlich", obwohl er nicht aus der christlichen Tradition stammt, sondern aus dem aus dem Tao-te-king, einem weisen Buch, das dem chinesischen Seelenführer Laotse zugeschrieben wird:

> „Wenn ich wirklich weiß, was es heißt,
> im großen Sinn zu leben,
> so ist es vor allem die Geschäftigkeit,
> die ich fürchte.
> Wo die großen Straßen schön und eben sind,
> aber das Volk Seitenwege liebt;
> wo die Hofgesetze streng sind,
> aber die Felder voller Unkraut stehen;
> wo die Scheunen ganz leer sind,
> aber die Kleidung schmuck und prächtig ist;

wo jeder ein scharfes Schwert im Gürtel trägt;
wo man heikel ist im Essen und Trinken
und Güter im Überfluß sind:
da herrscht Verwirrung, nicht weise Regierung."

Das Wort „Regierung" bezieht sich dabei auf jeden einzelnen. Fasten bedeutet nämlich sich selbst regieren, gegen sich selbst angehen, in einem Maße, daß man sich selbst zu einer freiwilligen Gefangenschaft verurteilt. Und die ersten Zeilen dieses Verses aus dem „Buch vom Tao und seiner Kraft" sprechen von der allzu großen Geschäftigkeit, von der allzu großen Betriebsamkeit und davon, von der inneren Unruhe wegzukommen, sich in die Zelle der Einfachheit, ja der Einsamkeit zu begeben, um in Ruhe auf das hören zu können, was in uns ist.

Vom Fasten

und was es mit Fußball und Flugreisen zu tun hat

Es gibt Themen, bei denen mitzureden sich jeder berufen fühlt. Nehmen wir zum Beispiel den Sport, vorzugsweise das Fußballspiel. Davon glaubt weltweit jeder etwas zu verstehen, und wenn er es nur einmal im Fernsehen gesehen hat.

Beim Begriff „fasten" scheint es ähnlich.

Es hat zwar das Fasten (heutzutage) keine vergleichbare Massenfaszination – in früheren Zeiten gab es ganze „Fastenbewegungen" –, aber ähnlich wie der Fußballsport eine verbreitete journalistische Facette. Da in knallbunten Illustrierten regelmäßig die neuesten Schlankheitskuren angeboten werden, scheinen diesbezügliche Fachfrauen, aber auch -männer alles über das „Herunterfasten" zu wissen.

Eines wissen die meisten allerdings nicht – was das Wort „fasten" überhaupt und wirklich bedeutet.

Der Duden sagt in Band 7 unter „fasten" nicht nur, daß es dieses Wort schon im Mittel- und Althochdeutschen gab, sondern auch, daß es im Schwedischen, im Englischen fast schreibgleich enthalten ist und auf das Gotische „gafastan" zurückgeht. Unser Wort „fasten" ist somit verwandt mit dem Adjektiv „fest". Im Gotischen bedeutete es noch „festhalten, beobachten, bewachen". Dieser Begriff, der im Frühmittelalter aus dem Ostgotischen auch in die Kirchensprache kam, findet sich am besten und allgemein verständlich heute als wichtige Sicherheitsvorschrift in jedem Verkehrsflugzeug: „Ladies and Gentlemen, please *fasten* your seatbelts." So kann der Sicherheitsgurt des Flugzeugsitzes als wunderbare Metapher für die Ursprungsbedeutung und die Entstehungsgeschichte des Wortes „fasten" herhalten. Denn wer im Flugzeug mit dem Schließen des Sicherheitsgurts bereits seine Schwierigkeiten bekommt, für den wären Fastenkuren wahrscheinlich bereits dringend zu empfehlen.

„To fasten" heißt im Englischen also befestigen, im Ostgotischen hieß es vor allem „festhalten". Im Glaubensleben – im fünften Jahrhundert n. Chr. war zwar das Christentum in Mitteleuropa schon bekannt, aber noch keineswegs unumstritten – bedeutete es die Zuordnung eines Gläubigen zu seiner neuen „alternativen" Kirche und das Festmachen seiner Lebensweise an die Gebote dieser Kirche. Die Parallelität zum Flugzeug – „wer sich nicht ordentlich anschnallt, fliegt nicht mit" – liegt auf der Hand. Denn so wie im Flugzeug die Cabin-crew das Anschnallen bei jedem Passagier vor Start und Landung gewissenhaft überprüft, so war auch im Frühmittelalter die gegenseitige Kontrolle, das „Bewachen, Beobachten" der Gemeinde mit den und durch die Fastengebote verständlich und damit verbunden. Natürlich kann man dieses Fasten auch individualistisch betrachten und verstehen. Denn Menschen, die als soziale Wesen ja immer in Gruppen leben, beobachten und bewachen auch sich selbst in kritischer Form. Es geht ja um ihr „Festhalten" an einer Position innerhalb der Gruppe, der Gemeinde, der Kirche, womit sie nicht nur eine religiöse, sondern vor allem eine soziale Aufgabe verbinden.

Was hat das alles nun mit dem Essen an sich beziehungsweise mit der „Enthaltsamkeit" zu tun? Im Flugzeug wird ja schließlich zwischen den „fasten"-Geboten sogar bei Kurzstreckenflügen eine Mahlzeit gereicht, werden Getränke serviert und wird mit großem finanziellen Aufwand für das kulinarische Wohlbefinden der Passagiere gesorgt. Mangel und Entbehrungen an Bord wären für die Fluglinien höchst geschäftsschädigend. Hier scheint die Jet-Metapher nicht zu passen . . .

Das Gegenteil ist der Fall.

Denn die Fastengebote der Frühkirchen waren ja nicht auf Hunger und Mangel als normale Lebensform zugeschnitten. Fasten als religiöse Übung, als kirchliches Gebot, setzt auch heute noch voraus, daß das Normalleben ausreichende Nahrungsmengen kennt. Im Extremfall – wir leben in einem solchen – den Überfluß.

Tatsächlich ist bei den Kurz- und Mittelstreckenflügen fast keiner der Reisenden wirklich auf die Verpflegung durch das exquisite Bordmenü angewiesen. Aber wehe, es würde fehlen. Was in der Geschichte der Zivilluftfahrt ursprünglich als reine Ablenkung der Passagiere zur Überwindung von Flugängsten gedacht war, ist längst zum selbstverständlichen Standard erklärt worden, zum Lebensgefühl.

Und, sagen wir es unumwunden: Einer sich neu etablierenden Kirche muß es ja ebenfalls das erste Anliegen sein, ihren „Passagieren" die (Flug-)Lebensangst zu nehmen und ein neues Lebensgefühl zu vermitteln. Auch im Sinne von Corporate identity, wofür Glaubensgemeinschaften – vor allem die christlichen Kirchen – ohnehin geschichtliches Vorbild sind. Daher müssen Sitten und Gebote sich deutlich von Vorläufern oder Konkurrenten abheben und unterscheiden, was wir heute im modernen Management mit „marktorientierten PR-Strategien" bezeichnen würden. Wobei hier dasselbe Phänomen zu beobachten ist wie beim Wort „fasten", das in aller Munde ist. Diejenigen, die mit solchen Begriffen um sich werfen, wissen zumeist ja auch nicht, wovon sie reden. Die Mitteleuropäer der frühen christlichen Kirche aber verstanden das Fasten. Nicht als scheinbar sinnentleerte Speisenregeln für Wochentage oder Kirchenfeste, sondern als „Spielregeln" des Zusammenlebens, als Ordnungshilfen des Gemeinwesens und als gesellschaftlichen Kalender. Hier dürfen wir das Fasten wiederum mit dem Fußballsport vergleichen, in dem jede Vereinsmannschaft nicht nur ihre unverwechselbaren Mannschaftsdressen trägt, sondern auch genaue Spielregeln kennen muß, in den Meisterschaften die eigene Taktik und Strategie zum Erfolg sucht und neben Trainings- und Spielplan auch ein übergeordnetes verbindliches Reglement einhalten muß.

Tatsächlich ist das Fasten in seinen Ritualformen, in seinen Praktiken und beabsichtigten Wirkungen aber viel älter und ursprünglich anders gelagert. Wir finden es heute noch in allen Kulturen. Und in vielen Ausdrucksformen auch noch so, wie es der Homo sapiens, also der moderne Mensch, vor mindestens 35.000 Jahren schon geübt hat.

Suppen

Einfache Schrotsuppe

*60 g Weizenkörner (oder grobes Weizenvollmehl), 1–2 Eßlöffel
Öl, Pfeffer, Salz, eventuell Suppenwürze*
Weizenkörner in der Getreidemühle (oder einer handbetrie-
benen Kaffeemühle) zu möglichst grobem Schrot mahlen.
Etwas Öl in einen Topf geben, Weizenschrot kurz anrösten,
mit gut 1 l Wasser aufgießen. Pfeffer und Salz, eventuell
Suppenwürze dazugeben, aufkochen und etwa fünf Minuten
sanft köcheln lassen, dabei oft umrühren.

Haferflockensuppe

*60 g Haferflocken, 1–2 Eßlöffel Öl, Salz, Pfeffer, eventuell
Suppenwürze, eventuell frische oder tiefgekühlte Kräuter*
Öl in einen Topf geben, heiß werden lassen. Die Haferflok-
ken anrösten, mit gut 1 l Wasser (oder, wenn vorhanden, mit
Gemüsesud) aufgießen. Mit Salz und Pfeffer würzen, aufkochen und einige Minuten köcheln lassen, bis die Haferflok-
ken ihre Form verlieren und die Suppe dick wird. Nach
Geschmack mit Suppenwürze verfeinern und mit Kräutern
bestreuen.

Brotsuppe

*Altbackenes Brot, Salz, Pfeffer, 1 Lorbeerblatt, eventuell
1 Zwiebel, eventuell Suppenwürze, Brot- oder Semmelwürfel*
Brot, je nach Vorrat zwischen 250 g und 500 g, in einen Topf
geben, mit gut 1 l Wasser aufgießen, Salz, Pfeffer und Lorbeerblatt dazugeben, aufkochen. Kochen lassen, bis das Brot

zerfällt, dabei öfters umrühren, damit sich die Masse nicht am Topfboden anlegt. Kurz überkühlen lassen, dann das Lorbeerblatt herausnehmen und die Masse passieren oder mixen. Die fertige Suppe eventuell mit Suppenwürze abschmecken, mit gerösteten Zwiebelringen oder Brotwürfeln garnieren.

EINMACH- oder EINBRENNSUPPE

50 g Butter, 50 g Mehl, 1 1/4 l Wasser, Pfeffer, Salz, Kümmel, eventuell Suppenwürze, 1 Semmel oder 1 Scheibe Brot (auch Semmelwürfel sind möglich)

Die Semmel (oder das Brot) in Schnitten oder Würfel schneiden und kurz anrösten (Semmelschnitten können auch im Toaster geröstet werden), beiseite stellen. Aus Butter und Mehl eine Einmach bereiten, das heißt: die Butter im Topf heiß werden lassen, das Mehl dazugeben, unter ständigem Rühren etwas anschwitzen lassen; wird das Mehl dunkel, so nennt man diese Mehlschwitze Einbrenn. Mit Wasser (oder Gemüsesud) aufgießen, mit Pfeffer, Salz und etwas Kümmel würzen und etwa 10 bis 15 Minuten gut durchkochen. Die Suppe eventuell mit Suppenwürze verfeinern und mit gerösteten Semmel- oder Brotschnitten servieren.

GERSTENSUPPE
Ein Rezept aus Vorarlberg

1/2 Tasse getrocknete weiße Bohnen, 1/2 Tasse Rollgerste, 1 Karotte, 1/2 Sellerieknolle, 1 Stange Lauch, 5 Kartoffeln, Salz, Pfeffer, Muskatnuß, Majoran, Suppenwürfel (2 Stück oder nach Geschmack), eventuell Schnittlauch und Petersilie, auch Brennesseln

Die Bohnen werden über Nacht in reichlich Wasser eingeweicht. Am nächsten Tag Rollgerste und die Gewürze hinzufügen und alles so lange kochen lassen, bis Bohnen und Gerste weich sind. Das Gemüse putzen, in kleine Stücke schneiden und erst in die Suppe geben, wenn Bohnen und Gerste schon weich sind. Die Suppe sollte recht dick werden. Vor dem Servieren eventuell mit Schnittlauch oder Petersilie bestreuen. Auch Brennesseln können über die Suppe gestreut werden – entweder klein gehackt und in Öl angeröstet oder auch roh.

GRÜNKERNSUPPE

100 g Sellerie, 100 g Petersilienwurzeln, 100 g Karotten, 150 g Grünkern (das ist eine Dinkelart, der Dinkel wiederum eine alte Kulturform des Weizens), 3 Gemüsebrühwürfel, Salz, Pfeffer, Majoran, 2 Semmeln oder Weißbrotscheiben

1,5 l Wasser mit 3 Gemüsebrühwürfeln und den Gewürzen zum Kochen bringen. Den Grünkern in die Suppe geben und etwa 1 Stunde leicht köcheln lassen. In der Zwischenzeit das Gemüse waschen, putzen und in kleine Stücke oder Streifen schneiden. Das geschnittene Gemüse erst in der Hälfte der Kochzeit dazugeben, damit es sich nicht zerkocht. Die fertige Suppe mit gerösteten Semmel- oder Brotscheiben servieren.

Die Kochzeit von Grünkern kann verkürzt werden, wenn die Körner vorher einige Zeit (auch über Nacht) in Wasser eingeweicht werden.

BRENNESSEL- oder KRÄUTERSUPPE

Etwa 3 Handvoll junge, frische Brennesselblätter und -spitzen, 2 Kartoffeln, Pfeffer, Salz, 1 Lorbeerblatt, Brot- oder Semmelwürfel, eventuell 1 Eßlöffel Crème fraîche

Die Semmelwürfel kurz anrösten, beiseite stellen.

Die groben Brennesselstiele entfernen, die Brennesselblätter waschen. Brennesseln gemeinsam mit den rohen, geschälten, in Würfel geschnittenen Kartoffeln in einen Topf geben. Mit gut 1 l Wasser aufgießen, Pfeffer, Salz, 1 Lorbeerblatt dazugeben, aufkochen. Etwa 10 Minuten kochen lassen (bis die Kartoffeln weich sind). Dann das Lorbeerblatt herausnehmen und die Suppe mit dem Pürierstab oder im Mixer pürieren. Die fertige Suppe kann je nach Geschmack mit einem Eßlöffel Crème fraîche verfeinert und mit gerösteten Brotwürfeln garniert werden.

Wenn keine oder nicht genügend Brennesseln vorhanden sind, kann diese Suppe auch aus anderen Kräutern zubereitet werden, etwa aus Bärlauchblättern, Spinat, Sauerampfer oder aus einer Mischung von Brennesseln und Petersilie.

WIRSING-(KOHL-)SUPPE

1 kleiner Wirsing (Kohlkopf), 30 g Butter oder Margarine, 40 g Mehl, 1 Zwiebel, Salz, Pfeffer, 2 Kartoffeln
Den Wirsing in grobe Streifen schneiden (den Strunk nicht verwenden). Die Kartoffeln roh schälen, würfelig schneiden, in kaltes Wasser legen, damit sie die schöne gelbe Farbe behalten. Das Fett heiß werden lassen, die Wirsingstreifen und die feingeschnittene Zwiebel dazugeben und weich dünsten. Danach mit etwas Mehl stauben und mit gut 1 l Wasser aufgießen. Mit Salz und Pfeffer würzen, die Kartoffeln dazugeben, aufkochen. Kochen lassen, bis die Kartoffeln weich sind.

BOHNENSUPPE

150 g trockene Bohnen, 1 Zwiebel, 30 g Butter oder Margarine, 30 g Mehl, Salz, Pfeffer, 1 Eßlöffel Essig

(Getrocknete Hülsenfrüchte müssen immer am Vortag in reichlich Wasser eingeweicht werden!)
Von den über Nacht eingeweichten Bohnen das Wasser abgießen. Die Bohnen mit frischem Wasser aufgießen, mit Salz würzen und weich kochen. Butter in einem Topf zergehen lassen, Zwiebel klein schneiden und anrösten. Das Mehl dazugeben und leicht anschwitzen lassen. Mit dem Kochwasser der Bohnen ablöschen, Salz, Pfeffer und Essig dazugeben, gut durchrühren. Nun die gekochten Bohnen passieren (oder mixen) und in die Einmach geben. Nach Bedarf mit Wasser (oder Gemüsesud oder Suppe) aufgießen, bis eine dicke Suppe entsteht.
Nach demselben Rezept wird auch Linsensuppe gekocht.

ERBSENBRÜHE
Erbsenbrühe ist eine klassische Fastensuppe. Sie wurde und wird vielfach auch zum Aufgießen anderer Suppen verwendet, sozusagen als Ersatz für Rindsuppe.

200 g getrocknete Erbsen, 1 Karotte, 1 Zwiebel, 1 Petersilienwurzel, 1 Sellerieknolle, Muskat, Salz, 8 Pfefferkörner, 5 Wacholderbeeren; eventuell Backerbsen oder 2 Semmeln (oder Brot)
Die am Vortag in Wasser eingeweichten Erbsen absehen, in 2 l Wasser geben, das Gemüse waschen, putzen und dazugeben, ebenso die Gewürze. Aufkochen lassen und so lange kochen, bis die Erbsen durch und durch weich sind, dann die Brühe absehen. Bei Bedarf nachwürzen und dazu geröstete Brotwürfel oder auch Backerbsen servieren.

WEISSKOHL-(KRAUT-)SUPPE

*1 Eßlöffel Öl, 1 Kaffeelöffel Zucker, 1 Eßlöffel Mehl, 1 Zwiebel,
300 g feingehackter Weißkohl (Kraut), Salz, Kümmel, Muskat,
Pfeffer, 1 Knoblauchzehe, 2 Kartoffeln, 1 gelbe Rübe,
³/4 l Wasser, 2 Stück Brot (oder Brotwürfel)*

Brot in Würfel schneiden und anrösten, beiseite stellen.
Im heißen Öl die Zwiebel glasig werden lassen, Zucker und
Mehl dazugeben und leicht rösten, bis das Mehl goldgelb ist.
Den Weißkohl dazugeben, gut durchrühren. Gewürze hin-
zufügen, mit etwa ¹/4 l Wasser aufgießen und dünsten lassen,
bis der Weißkohl halb weich ist.
Kartoffeln und gelbe Rübe in Würfel schneiden, zum Weiß-
kohl geben und mit Wasser gut zur Suppe aufgießen. Die
Suppe köcheln lassen, bis das Gemüse weich ist. Die fertige
Suppe mit gerösteten Brotwürfeln bestreuen und servieren.

WÜRZIGE KÄSESUPPE
Ein Rezept aus dem Lustenauer Kochbuch

*50 g Mehl, 50 g Butter, ¹/4 l Weißwein, 1 Knoblauchzehe, 200 g
Bergkäse (Hartkäse), ¹/4 l saure Sahne (Sauerrahm), 2 Bund
Schnittlauch, wenn vorhanden 1 l Gemüsebrühe*

Mehl in Butter anschwitzen, mit 1 l Gemüsebrühe (oder
Wasser mit fleischlosem Suppenwürfel) aufgießen, Weiß-
wein dazugeben. Eine halbe Stunde leicht kochen lassen. In
der Zwischenzeit den Käse reiben, Schnittlauch schneiden.
In die nicht mehr kochende Suppe die Knoblauchzehe pres-
sen, saure Sahne und geriebenen Käse einrühren. Die fertige
Suppe mit dem Schnittlauch bestreuen.
Unter dem Rezept steht geschrieben:
„In a'r reächto Suppo sott dar Löffl denn steäcka!", das heißt:
„In einer richtigen Suppe sollte der Löffel drinnen stecken-
bleiben" . . . so dick muß sie sein!

KNOBLAUCH-RAHM-SUPPE
Ein Rezept aus dem Lustenauer Kochbuch

30 g Butter, 1 kleine Zwiebel, 6–8 Knoblauchzehen, 20 g Mehl,
1/4 l Gemüsebrühe (ersatzweise Wasser mit fleischlosem
Suppenwürfel), 3/4 l Milch, 1 Becher Crème fraîche (oder
1/8 l saure Sahne), Salz, Muskat, Pfeffer;
2 Scheiben Vollkornbrot, 20 g Butter, Salz, 2 Knoblauchzehen,
Petersilie

Zwiebel und Knoblauch fein schneiden und in Butter goldgelb anrösten. Mit Mehl stauben, mit Gemüsebrühe und
Milch aufgießen. Die Gewürze dazugeben und aufkochen
lassen. 15 Minuten sanft köcheln lassen. Die Crème fraîche
vorsichtig in die fertige, nicht mehr kochende Suppe einrühren.

Für das Vollkornbrot: Butter, Salz, gehackte Petersilie und
gepreßter Knoblauch werden zu einer groben Paste vermischt. Damit das Vollkornbrot bestreichen und im Backofen kurz überbacken. Zur Suppe servieren.

LAUCH-KARTOFFEL-SUPPE

3 Eßlöffel Öl, 2 Stangen Lauch, 400 g Kartoffeln, 1 Teelöffel
Salz, etwas Pfeffer, 1 Lorbeerblatt, etwas Kümmel, eventuell
1/2 Becher Crème fraîche oder einige Löffel Sahne (Obers)

Lauch gut waschen, in Ringe schneiden. Rohe Kartoffeln
schälen und würfelig schneiden. Öl in einem Topf erhitzen,
den Lauch leicht anrösten, dann salzen, kurz weiterrösten
und die Kartoffeln dazugeben. Mit gut 1 l Wasser aufgießen,
die Gewürze dazugeben. Kochen lassen, bis die Kartoffeln
weich sind. Eventuell mit Crème fraîche oder Sahne verfeinern.

ZUCCHINICREMESUPPE

1 mittelgroßer Zucchino, 2 Kartoffeln, Salz, Pfeffer,
Lorbeerblatt, etwas Kümmel, 1 Semmel (oder Semmelwürfel),
eventuell 2 Eßlöffel Crème fraîche.
Die Semmel blättrig schneiden, anrösten.
Den Zucchino in grobe Scheiben schneiden, die Kartoffeln
schälen und würfelig schneiden. Das Gemüse mit gut 1 l
Wasser in einen Topf geben, würzen. Kochen lassen, bis die
Kartoffeln gut weich sind. Das Lorbeerblatt herausnehmen,
und die Masse mixen oder pürieren. Eventuell mit etwas
Crème fraîche verfeinern. Die fertige Suppe mit gerösteten
Semmelschnitten servieren.

KAROTTENCREMESUPPE

3–4 Karotten, 2 Kartoffeln, Pfeffer, Salz, Lorbeerblatt,
1 Semmel, eventuell 2 Eßlöffel Crème fraîche
Zubereitung wie Zucchinicremesuppe.

KARTOFFELSUPPE MIT PILZEN
Ein Rezept aus dem Lustenauer Kochbuch

1 Eßlöffel Butter, 500 g Kartoffeln, 1 Karotte, 1 kleine
Sellerieknolle, 1 Zwiebel, 20 g trockene (oder 200 g frische)
Pilze, Saft einer Zitrone, $1/8$ l saure Sahne (Sauerrahm) oder
1 Becher Crème fraîche, 1 Teelöffel Majoran, Salz, Pfeffer,
Muskat, 1–2 Gemüsebrühwürfel, eventuell Schnittlauch
Das Gemüse schälen und in Würfel schneiden, die getrock-
neten Pilze in Wasser einweichen (frische Pilze putzen) und
blättrig schneiden. Butter erhitzen und Zwiebel, Karotte,
Sellerie und Kartoffeln darin andünsten. Gewürze hinzuge-
ben, mit 1 l Wasser aufgießen. 30 Minuten kochen lassen

und dann pürieren oder mixen. Die Pilze in die Suppe geben und nochmals 10 Minuten leicht kochen lassen. Die Suppe vom Herd nehmen, den Zitronensaft hineingeben und vorsichtig Crème fraîche oder die gut durchgerührte saure Sahne einrühren. Eventuell mit Schnittlauch bestreuen.

Fastensuppen
aus alten Kochbüchern*

BIERSUPPE

„In einem Maßtopf werden 4 Eidotter und einige Löffel voll
Obers eingerührt, und in selbes eine Halbe Bier, welche man
mit 4 Loth Zucker und einem Stück Zimmt verkochen läßt,
eingesprudelt."
Auf heute übliche Maße übertragen, benötigt man für dieses
Rezept folgende Zutaten:
4 Eidotter, 4 Eßlöffel Sahne, 7 dl Bier, 70 g Zucker, 1 Zimtrinde

CHOCOLADESUPPE

„Nimm auf ein 3 Maß hältiges Häfen 4 große Kochlöffel
Mehl, schlage es mit kalter Milch ab, hernach rühre 3 Maß
siedende Milch nach und nach daran, laß sie wieder gut
aufsieden, nimm $^1/_2$ Loth gestoßenen Zimmt, 4 Zeltel Cho-
colade, rühre sie besonders mit siedender Milch ab, lege
Zucker und ein Stückchen Butter daran und richte sie über
gebähte Semmel an."
Auf heute übliche Maße übertragen, benötigt man für dieses
Rezept folgende Zutaten:
4 l Milch, 200 g Mehl, 80 g Zimt, 4 Tafeln Schokolade, etwas
Zucker (nach Geschmack), 50 g Butter, 2 Semmeln
Die Semmeln werden in Scheiben geschnitten und im Back-
rohr gebäht.
In einem großen Kochtopf wird das Mehl mit einem Teil der

* aus: „Die praktische Wiener Vorstadt-Köchin als Meisterin in der Kochkunst. Durch 22jährige Erfahrungen erprobt und herausgegeben von der ehemaligen Klosterneuburger Stiftsköchin Klara Fuchs", Wien 1863

kalten Milch gut abgeschlagen. Gleichzeitig wird die restliche Milch zum Sieden gebracht und langsam in die Mehl-Milch-Mischung eingerührt. Alles aufsieden lassen. Zimt und Schokolade in die siedende Masse einrühren, Zucker und Butter dazugeben. Die fertige Schokoladesuppe auf den gebähten Semmelschnitten servieren.

MANDELSUPPE

„Nimm auf 4 Maß Milch ein halb Pfund klein gestoßene Mandeln und von 2 Semmeln die Schmollen in ein Sieb, treibe es mit siedender Milch durch, bestreiche eine Rein mit Butter, lege es darein, nimm Zucker, ein Stückchen Butter und etwas Salz, siede es und richte es über gewürfelte Semmel an."

Übertragen auf heute übliche Maße ergäbe dieses Rezept eine Riesenmenge. Daher hier vorsichtshalber die halbierte Masse:

2,5 l Milch, 140 g grob geriebene Mandeln, drei alte Semmeln, Zucker nach Geschmack, etwas Butter (ca. 50 g), eine Prise Salz

Eine Semmel wird entrindet und in Stücke geschnitten, zwei Semmeln werden in Scheiben geschnitten und getoastet. Die Milch in einen großen Kochtopf geben, die entrindeten Semmelteile dazugeben, Mandeln, Salz, Zucker und Butter einrühren, aufsieden lassen. Durch gutes Durchrühren die Semmelstücke auflösen, wenn nötig pürieren oder mixen. Die fertige Suppe mit getoasteten Semmelschnitten servieren.

Die Stiftsköchin verrät auch die Rezepte für Suppen von Fischen und Krebsen. Ein Nachkochen empfiehlt sich allerdings nur für Spezialisten:

GESTOSSENE FISCHSUPPE

„Backe einen Karpfenkopf, pfarze 2 Semmel blattlich geschnitten, backe 2 Eier, stoße Alles recht fein, hernach gieße
in ein 3 Maßhäfen klare Erbsensuppe darauf, laß es gut aufsieden, dann schlage sie durch ein Sieb, salze sie, lege ein
wenig Muskatblüthe und etwas Butter daran, laß sie nochmal
sieden und richte sie über was beliebt an."

SCHLEIENSUPPE

„Gib in eine Rein ein Stück Schmalz, laß es heiß werden, gib
2 Häuptel Zwiebel zerschnitten in ein aufgemachten und in
Stücke zerschnittenen Schleien, dazu gelbe Rüben, Petersilie, Zeller, laß es dünsten, aber nicht zudecken, auch nicht
umrühren, wenn es stark prasselt, gib ein wenig klares Erbsenwasser darauf; so laß es fort dünsten, bis es schön braun
ist, dann schütte Erbsenwasser darauf, so viel du Suppe
brauchst und laß sie aussieden, dann seihe sie; willst du sie
dicklich haben, so muß sie vor dem Daraufgießen ein wenig
gestäubt werden."

KREBSSUPPE MIT RAGOUT

„Siede 30 Krebsen ab, von 15 Stück löse die Schweifel aus,
die übrigen 15 Krebsen mit 2 Stück gebackenem Hechten
und einer gepfarzten Semmel stoße im Mörser gut, hernach
lege es in ein Häfen, schütte gute Erbsensuppe daran, nimm
ein wenig Muskatblüthe, laß es sieden, dann treibe es durch
ein Sieb. Das Ragout mache also: Nimm gesottene Spargel-
köpfe, gedünstete Maurachen oder Champignons, von einem Hechten die Leber, die klein geschnittenen Krebs-
schweiferln, lege in eine Rein etwas Krebsbutter, staube ei-

nen Kochlöffel Mehl daran, gib das Ragout alles darein, dünste es, gieße von der Erbsensuppe daran, laß es aufsieden, hernach richte die Suppe über gepfarzte Semmel und das Ragout darauf."

Betrachtungen

über den Sinn des Lebens

In den Läufen des Alltags fühlen sich immer mehr Menschen wie das fünfte Rad am Wagen oder wie eine Speiche unter den vielen Speichen eines Fahrrades, die sich, fest mit der Nabe verbunden, einfach mitdrehen müssen. Daher ist es notwendig, diesem Gefühl des Gedrehtwerdens oder des Überflüssigseins ein Gefühl entgegenzusetzen, das uns Menschen wieder in jenen Wertstand versetzt, der uns auf Grund unseres Glaubens zukommt und der von dem Satz der Bergpredigt aus dem Matthäusevangelium ausgeht:

„Ihr seid das Licht der Welt. Eine Stadt, die auf dem Berg liegt, kann nicht verborgen bleiben. Man zündet auch nicht ein Licht an und stülpt ein Gefäß darüber, sondern man stellt es auf den Leuchter, dann leuchtet es allen im Haus. So soll euer Licht vor den Menschen leuchten, damit sie eure guten Werke sehen und euren Vater im Himmel preisen."

Mt. 5, 14–16

Da wird also nichts vom fünften Rad gesagt und auch nichts von einem Armleuchtertum. Gemeint ist vielmehr, wir sollten etwas von dem Licht widerstrahlen, das wir in uns tragen und das uns von dem eingepflanzt wurde, der selbst das Licht ist. Dieses Licht durchleuchtet unser Leben und gibt uns jene Helligkeit, die uns erkennen läßt, daß wir Auserwählte sind, Vollerben eines göttlichen Lichtes. Allerdings kommt das Licht nur zum Leuchten, wenn wir es aus der Tiefe heraufholen, von dort, wo es uns eingepflanzt wurde. Das bedeutet allerdings Arbeit, bedeutet ein dauerndes Sichentwickeln. Diese christliche Lebensaufgabe kommt dem nahe, was auch der Buddhismus als eine Aufgabe kennt, um den Sinn des Lebens zu erreichen. Beschrieben wird sie dort als achtteiliger Pfad, und wenn man ihn geht, setzt man das „Rad der Lehre" in Bewegung. Man ist dann selbst der Beweger und nicht der unfreiwillig Bewegte.

Die Schritte stellen sich kurz beschrieben so dar:

Über die rechte Anschauung der Dinge der Welt komme ich zu einer rechten Gesinnung, die rechte Gesinnung führt mich zum rechten Reden, aus dem rechten Reden ergibt sich als nächster Schritt das rechte Handeln, und die Summe des rechten Handelns ergibt ein rechtes Leben, das dann in ein richtiges Streben mündet, das Streben nach wirklich wichtigen Dingen. Das rechte Streben wird aber noch überhöht durch ein rechtes Überdenken des Lebens und des Strebens und führt dann zu einem rechten Sichversenken, bei uns Christen gleichbedeutend damit, daß wir Gott und seine Liebe finden. Das Leben stellt damit eine Einheit von Reden und Tun dar, wie es die große Teresa von Avila für sich und ihre Schwestern als Lebensaufgabe und Ausdruck eines christlichen Lebens angesehen hat.

Von der Natur zur Kultur des Fastens

Oder: Fasten als Medizin

Wenn Familie A. in den Urlaub fährt, bleibt der Hund zu Hause zurück. Keine Sorge, er wird nicht einsam zurückgelassen, ins Tierheim gesteckt oder am Straßenrand ausgesetzt. Die Nachbarskinder versorgen ihn während der Zeit liebevoll und aufmerksam. Aber, so erzählen sie, dieses Jahr hat er die ersten drei Tage wieder nichts gefressen. Aus Trennungsschmerz.

In der Natur ist bei vielen höheren Tierarten das Fasten ein bekanntes Phänomen. Keineswegs Ausdruck einer Kultur oder eines Ritus, sondern unmittelbare Reaktion auf schmerzhafte Umstände – Krankheit, Gefangenschaft, Trennung von Artgenossen, Verlust von Nahestehenden. Das Tier frißt nichts – das ist nur zu oft das erste Symptom eines körperlichen oder seelischen Leidens. Känguruhs, Delphine, Elefanten, Gorillas – sie alle trauern in freier Wildbahn über den Verlust von Lebenspartnern oder Jungtieren durch tagelangen Nahrungsverzicht. Der Schock einer Gefangennahme drückt sich genauso aus, und jeder Tierwärter oder Zirkusdompteur preist sich glücklich, wenn der „Neuzugang" zum ersten Mal die Nahrung nicht mehr verweigert. Übrigens sollen in vielen Fällen auch Menschen, die zum ersten Mal in ein Gefängnis, ein Internat oder in Spitals- oder Heimpflege geraten, genauso reagieren. Fasten heißt Trauern. Nahrungsverweigerung weist auf einen unverarbeiteten psychischen Schock hin. Ein Kreislaufversagen der Seele.

Die zweite Ebene, die uns die Natur zeigt, scheint eine Art biologisch programmiertes Heilfasten zu sein. Nicht nur, daß das trauernde Wesen keinen Geschmack am Essen mehr findet, der kranke oder verletzte Organismus entwickelt ein automatisches Blockadeverhalten gegenüber der Nahrungszufuhr. Der große Chefingenieur der biologischen Evolution scheint hier für alle Lebewesen – vom Wellensittich bis zum Blauwal, vom Klippschliefer bis zum Homo sapiens – mit der Sorgfalt des Mechanikers ein Prinzip vorgegeben zu haben: Wenn in einer Maschine Teile schadhaft sind, dann darf das ganze Räderwerk nicht noch zusätzlich durch Energiezufuhr „zu vollen Umdrehungen" hochgefahren werden. Damit würden nicht nur die schadhaften Teile zu Bruch gehen, der gesamte Mechanismus würde in Gefahr geraten. Also: Alle Maschinen stop! Deshalb werden der verletzte Vogel, das erschöpfte Pferd, ein fieberndes Kind sich instinktiv weigern zu essen.

Es wäre nach all diesen Überlegungen ein leichtes zu behaupten, daß alles, was wir über das Fasten wissen, ohnehin bereits in der Natur programmiert und somit aus dieser Sicht ein untrennbarer Bestandteil des menschlichen Lebens sei. Aber so wenig wir aus dem Wissen über die Evolution unsere heutigen asozialen und kriminellen Neigungen entschuldigend erklären dürfen, so falsch wäre es, das Fasten auf ein Krankheits- und Trauerverhalten zurückzuführen, das bereits für die Australopithecinen und alle hominiden Formen bekannt und gegeben war.

Die Theologische Realenzyklopädie weiß über „Fasten" und „Fasttage" an die achtzehn Seiten, die umfassend und weitgreifend auf eine Fülle von Literatur verweisen, genug für eine mittlere Bibliothek. Ein Satz springt aus dieser Informationsvielfalt sofort ins Auge: „Allen Fastenpraktiken scheint ein apotropäisch-kathartisches Motiv (. . .) zugrunde zu liegen." Das riecht nicht nur, den Fachwörtern entsprechend, nach Kultur, das meint es auch. Denn „apotropäisch" bedeutet „Unheil abwehrend", und zwar jenes von Zaubermitteln und Dämonen. „Kathartisch", also „reinigend", ist hier weniger als medizinisches Heilfasten zu verstehen, sondern als geistige Reinigung von schädlichen Gedanken. Der Qualitätssprung des Fastens von der animalischen Programmierung zum religiös-philosophisch-theologischen Denken und Handeln setzt also etwas voraus, das – die Wissenschaftler würden behaupten, es hinge mit der Ausbildung der Großhirnrinde zusammen – ein besonderes Bewußtsein in Umwelt und Leben des Frühmenschen erfordert. Die Ethnologie definiert es mit dem Entwickeln eines animistischen Weltbildes.

Irgendwann begann dieser Homo sapiens nämlich nicht nur Werkzeuge herzustellen, das Feuer nutzbar zu machen und andere vermeintlich nützliche Dinge zu tun, er begann auch über sich selbst innerhalb der Natur nachzudenken. Und da ihm natürlich alle naturwissenschaftlichen Erkenntnisse fehlten, stellte er sich alles um ihn herum belebt vor. Eine Welt, eine Natur, voll von Geistern, Dämonen, Engeln, Teufeln und vor allem voll von guten wie auch boshaften Ahnenseelen, denn mit dem Tod als endgültigem Verlöschen des Lebens konnte er sich nicht mehr abfinden. Die Archäologen und Urgeschichtler setzen anhand von ausgegrabenen Kultstätten, Gräbern, Felszeichnungen und Höhlenmalereien, „über den Daumen der Geschichte gepeilt", den spätesten Beginn dieser Denkungsart vor 35.000 Jahren fest.

Und da unsere faustkeilschwingenden Vorfahren auch schon bestrebt waren, ihr Jäger- und Sammlerleben zu managen, erforderte es ihre gesamte Aufmerksamkeit, mit der geistbelebten Natur zurechtzukommen. Um mit Quellgeistern, Winddämonen, Baumseelen und vor allem dem zu jagenden – ebenfalls beseelten! – Großwild in guten Kontakt zu kommen, waren die Menschen herausgefordert, diese unsichtbare Ebene der Welt auch tatsächlich zu sehen, mit ihr zu reden, sie zu befragen und zu beschwören. Die dafür nötige Technik ist heute noch gängige Praxis: die Trance. In Trancezustand konnten und können sich Menschen durch rhythmischen Tanz, durch halluzinogene Drogen, durch Schmerz und Entbehrungen versetzen. Fasten als totaler Nahrungsmittelentzug ist bei all diesen Methoden die nötige physiologische Grundlage. Und so wurde das Fasten aus einer einfachen Naturerfahrung für den Menschen zum grundlegenden Know-how dessen, was wir heute Magie, Abwehrzauber, Wunderheilung oder einfach Schamanismus nennen. Nichts davon ist dem Menschen bis heute verlorengegangen. Das Fasten als Grundübung für Bewußtseinserweiterung und Provokation von Visionen ist in allen großen Religionssystemen weiterentwickelt worden, es hat auch heute seinen Platz in Riten und Gebräuchen der Weltkirchen. Und nicht zuletzt ist es durch viele alternative Glaubensrichtungen, Sekten genannt, in unseren übersättigten und verunsicherten Industriekulturen wieder attraktiv geworden.

Vielleicht haben unsere Uraltvorderen auch noch vor der Entwicklung der schamanistisch-magischen Weltvorstellung das Fasten als unmittelbares „Abwehr-Fasten" praktiziert. Die Frühmenschen hatten ja als Jäger und Sammler oft genug zu erleben, daß der Genuß gewisser Pflanzen, Beeren, Körner oder des Fleisches verendeter Tiere zu Erkrankungen führten, die – siehe oben – nur durch Ausfasten kuriert werden konnten. Das Unheil ging also durch den Mund ein und konnte nur durch Hungern bezwungen werden. Eine Verkehrung dieses Prinzips könnte das Fasten als vorbereitende Abwehr irgendeines nicht nur über das Essen kommenden Übels zum Ritual gemacht haben. Aber Genaueres wissen wir darüber natürlich nicht.

Die Wurzeln des Fastenrituals, des Fastens als bewußte Haltung, als körperliche und seelische Medizin, sind wahrscheinlich so alt wie die Entwicklung dessen, was wir menschliche Kultur nennen. Sie kommen ursprünglich aus den Erlebnis- und Gedankenhorizonten der Trauer, der körperlichen Krankheit oder Verletzung, dem Wunsch nach visionärem Aufnehmen und Schauen einer geistbelebten Natur und als vorbeugende Übung vor Unglück und magischem Angriff. Die Verfeinerung der Gedanken und Gebräuche, die aus den Elementarreligionen zu den Hochkulturen führte, war nur mehr eine Frage der Zeit.

Gemüsespeisen

BRAUNE RÜBEN

1 kg Rüben, Öl (im Original Schmalz) zum Anrösten, 3 Eßlöffel
Zucker, 1 große Zwiebel, Kümmel, Salz, Pfeffer, 1 Eßlöffel
Mehl, eventuell Suppe zum Aufgießen (es reicht auch Wasser),
1 Eßlöffel Essig, 1 Handvoll Brennesselblätter und/oder 1 Bund
Petersilie, 1 Eßlöffel Butter, Zucker

Rüben schälen und raspeln. Zwiebel fein schneiden. Öl in
einem großen Topf erhitzen, Zwiebel darin anrösten. Rüben
kurz mitrösten, Zucker, Salz, Kümmel, Pfeffer dazugeben
und eventuell mit etwas Wasser oder Suppe aufgießen. Zudecken und weich dünsten lassen. Dabei öfters umrühren
und, wenn nötig, noch Flüssigkeit zusetzen, damit die Rüben
nicht anbrennen. Sind die Rüben kernig-weich, staubt man
mit etwas Mehl, rührt gut durch und gibt einen Löffel Essig
dazu. Das Gemüse abschmecken und eventuell etwas Zucker
zugeben, dann fertigdünsten. Die Kräuter fein hacken und in
etwas Butter anrösten. Vor dem Servieren über das Gemüse
geben. Dazu passen Salzkartoffeln.

GRÜNE BOHNEN (FISOLEN)
Ein Rezept aus dem Sulzer Kochbuch

750 g grüne Bohnen, Salz, 1 Eßlöffel Essig, Dill, Petersilie, 50 g
Margarine, 1–2 Eßlöffel Mehl, 1 Becher Crème fraîche,
1 Knoblauchzehe, eventuell 1 Suppenwürfel

Die grünen Bohnen waschen, putzen und in 2–3 cm lange
Stücke schneiden. In Salzwasser weich kochen. Wasser abgießen, aber zumindest 1/2 l zurückbehalten. In einer Pfanne
die Margarine erhitzen, das Mehl darin hell anrösten, mit
etwa 1/4 l Kochwasser ablöschen, gut umrühren, damit sich

keine Bröckchen bilden. Pfeffer und Salz dazugeben, Knoblauch hineinpressen. Kurz aufkochen und dann abkühlen lassen. Crème fraîche einrühren. Kräuter hacken und dazugeben. Die Masse unter die gekochten grünen Bohnen rühren, einige Minuten auf ganz kleiner Flamme durchziehen lassen. Dazu passen Kartoffeln, Teigwaren oder Semmelknödel.
Die Köchin schreibt dazu:
„Man soll nicht zu viel arbeiten
sonst werd man schnell alt.
Man soll nicht zu viel essen,
nicht zu heiß und nicht zu kalt."

LINSEN
Ein Rezept aus dem Stift Heiligenkreuz

200 g Linsen, 1 Zwiebel, 2 Knoblauchzehen, etwas Öl, 1 Teelöffel Senf, Salz, 1 Eßlöffel Essig, Pfeffer, 1 Eßlöffel Mehl
Linsen am Vortag einweichen, am nächsten Tag in reichlich Salzwasser weich kochen. Oder aber eine Dose vorgekochter Linsen verwenden, gut abtropfen lassen. Zwiebel und Knoblauch klein schneiden. Öl erhitzen, Zwiebel und Knoblauch dazugeben und anrösten. Das Mehl hinzufügen und hell anrösten. Mit Essig und etwas Wasser aufgießen, mit Senf, Salz und Pfeffer würzen und einige Minuten gut durchköcheln lassen. Nun die Linsen dazumischen und 10 Minuten auf kleinster Flamme durchziehen lassen. Im Stift Heiligenkreuz werden gekochte Bandnudeln als Beilage serviert.

BOHNEN

200 g Bohnen, 1 Zwiebel, 2 Knoblauchzehen, etwas Öl, 1 Teelöffel Senf, Salz, 1 Eßlöffel Essig, Pfeffer, 1 Eßlöffel Mehl
Zubereitung siehe Linsen.

BOHNENEINTOPF MIT KNOBLAUCHBROT

500 g getrocknete weiße Bohnen, 1 rote Chilischote, 2 Zwiebeln,
5 Eßlöffel Öl, 1 l Gemüsebrühe (oder Wasser mit Suppenwürfel),
Salz, Pfeffer, 85 g schwarze Oliven, 2 Teelöffel getrockneter
Majoran (oder 1 Bund frischer Majoran), 1 Knoblauchzehe,
4 Scheiben Brot

Bohnen über Nacht einweichen. Am nächsten Tag Bohnen
abseihen und abtropfen lassen. Chilischote in Ringe schneiden und die Samenkerne entfernen. (Das macht man am
besten mit Gummihandschuhen, denn die Schote ist sehr
scharf!) Zwiebeln grob schneiden und in Öl glasig anrösten.
Bohnen, Chili und 1 l Brühe (Wasser) hinzufügen, getrock-
neten Majoran, Salz und Pfeffer dazugeben. (Frischer Majoran wird erst nach dem Kochen daruntergemischt.) Bei geringer Hitze etwa eine Stunde lang kochen, bis die Bohnen
weich sind. Dann die Oliven dazugeben und mit Salz und
Pfeffer abschmecken. Knoblauch in kleine Stücke schneiden
und in etwas Öl anbraten. Die Brotschnitten dazugeben und
auf beiden Seiten anrösten. Zum Eintopf servieren.

OMA HILDEGARDS SAUERKRAUT
Oma Hildegard ist Pfarrersköchin in Sulz im Wienerwald

1 kg Sauerkraut, 250 g gewürfelter Speck, 1 Eßlöffel Honig,
5 Wacholderbeeren, 2 Lorbeerblätter, 1/2 l guter Heiligenkreuzer
Meßwein

Speck in einen Topf geben und rösten, bis er glasig ist. Sauerkraut etwas zerschneiden, damit die Fäden nicht zu lang
sind, in den Topf geben, Lorbeerblätter, Wacholder und
Wein zugeben. Gut durchmischen und 10 Minuten dünsten.
Nun den Honig hinzufügen, mit Salz und Pfeffer abschmekken und noch 5 Minuten ziehen lassen. An strengen Fasttagen wird der Speck weggelassen. Dazu passen Salzkartoffeln.

Rheinisches Karottengericht

500 g Karotten, 1 Zwiebel, etwa 100 g Butter insgesamt,
¹/₈ l Weißwein, 3 saftige Äpfel, Salz, Zucker
Karotten schälen und in Stifte, Zwiebel in Ringe schneiden.
30 g Butter erhitzen, Zwiebel darin anschwitzen. Die Karotten dazugeben, salzen, pfeffern und mit Weißwein aufgießen. Noch etwas Butter dazugeben und bei schwacher Hitze garen lassen. Nun die Äpfel schälen, entkernen und in Streifen schneiden. Äpfel in der restlichen Butter weich dünsten. Nun Äpfel und Karotten mischen und mit Salz und Zucker abschmecken. Dazu passen Kartoffeln oder Spätzle.

Selleriegemüse

500 g Sellerie, 40 g Butter, 1 Zwiebel, ¹/₄ l Gemüsebrühe (oder
Wasser mit Suppenwürfel), Muskat, Salz, Pfeffer, Petersilie,
Schnittlauch
Sellerieknolle waschen, schälen und danach am besten noch einmal waschen. In Stifte schneiden. Zwiebel fein schneiden. Butter in einem Topf erhitzen, Zwiebel glasig anrösten, Sellerie dazugeben. Mit Gemüsebrühe (Wasser) aufgießen. Gewürze dazugeben und auf kleiner Flamme köcheln lassen, bis die Sellerie weich ist. Kräuter hacken und das fertige Gemüse damit bestreuen. Dazu passen Salzkartoffeln.

Zucchinigulasch
Ein Rezept aus dem Sulzer Kochbuch

800 g Zucchini, 1 Zwiebel, 4 Knoblauchzehen, 40 g Mehl,
¹/₄ l saure Sahne (Sauerrahm), ¹/₄ l Suppe (oder Wasser mit
Suppenwürfel), 1 Eßlöffel Paprikapulver, Salz, Pfeffer, 1 Eßlöffel
Essig, 1 Bund Dill, etwas Öl zum Anbraten

Zucchini waschen, vierteln und in Scheiben schneiden. Zwiebel fein hacken, Knoblauch in Scheibchen schneiden. Dill fein schneiden. Sahne gut versprudeln. Öl in einem geräumigen Topf erhitzen, Zwiebel und Knoblauch anrösten, Mehl dazugeben und hell rösten. Mit Sahne und Suppe aufgießen, gut durchrühren und aufkochen lassen. Dabei achten, daß keine Bröckchen entstehen. Zucchini und Paprikapulver dazugeben und auf kleiner Flamme nicht zu weich dünsten lassen. Nun die Hälfte des Dills einrühren. Mit Salz, Pfeffer und Essig abschmecken. Das fertige Zucchinigulasch mit dem restlichen Dill bestreuen und sehr heiß zu Tisch bringen. Dazu passen Kartoffeln, Teigwaren, Reis.

PILZGULASCH
Ein Rezept aus dem Lustenauer Kochbuch

800 g Champignons, 50 g Margarine, 2 Zwiebeln, 3 Eßlöffel Tomatenketchup, 1 Eßlöffel Mehl, 1/4 l saure Sahne (Sauerrahm), 1 Eßlöffel Essig, Salz, Pfeffer, Majoran, edelsüßer Paprika

Champignons putzen und in grobe Scheiben schneiden. Zwiebeln in Ringe schneiden. In einem nicht zu kleinen Topf Margarine erhitzen, Zwiebeln darin goldgelb rösten. 1–2 Eßlöffel Paprika einstreuen, kurz umrühren und sofort mit Essig ablöschen. Die Champignons dazugeben, mit 1/4 l Wasser aufgießen. Mit Pfeffer und Majoran würzen und zugedeckt etwa 20 Minuten dünsten lassen. Die Sahne mit dem Mehl gut verquirlen und in die fertiggedünstete Speise einrühren. Gut vermischen und kurz aufkochen lassen. Erst zum Schluß das Pilzgulasch salzen und mit Ketchup abschmecken.

Lauch-Kartoffel-Topf

750 g Lauch, 500 g Kartoffeln, 500 g Champignons oder
Zucchini, Salz, Pfeffer, Muskat, 1 Lorbeerblatt,
1/4 l Gemüsebrühe (oder Wasser und Suppenwürfel)
Lauch waschen, putzen und in fingerlange Stücke schneiden.
Kartoffeln schälen und in kleine Würfel schneiden. Champignons und/oder Zucchini in Scheiben schneiden. Lauch und
Kartoffeln in einen Topf geben, Gewürze und Gemüsebrühe
hinzufügen, mit einem Deckel gut verschließen und auf
kleinster Flamme ganz leicht dünsten lassen. Nach zehnminütiger Kochzeit gibt man die Zucchinischeiben dazu, vermischt sie und verschließt den Deckel wieder gut. Weitere
zehn Minuten später die Champignons unterrühren. Der
Eintopf sollte insgesamt etwa 40 Minuten auf kleinster
Flamme dünsten. Dazu paßt Schwarzbrot.
Die Köchin schreibt dazu:
„Nicht zu wenig, nicht zu viel,
sei beim Kochen stets dein Ziel."

Gemüseeintopf

1 Zwiebel, 2 Eßlöffel Öl, 1 Kopf Wirsing (Kohl),
1/2 Sellerieknolle, 5 Karotten, 1 Stange Lauch,
ca. 1 l Flüssigkeit (Gemüsebrühe oder Wasser mit 2 Suppen-
würfeln), Salz, Pfeffer, 1 Lorbeerblatt, 300 g Kartoffeln,
1 kleiner Blumenkohl (Karfiol), 300 g grüne Bohnen, 3 Eßlöffel
Tomatenmark, 1 Bund Petersilie
Gemüse putzen und waschen. Den Wirsing am besten hobeln, Sellerie und Kartoffeln würfeln, Möhren und Lauch in
Scheiben schneiden. Den Blumenkohl in Röschen zerteilen,
die grünen Bohnen in ca. 5 cm lange Stücke schneiden.
Zwiebel grob schneiden. Öl in einem großen Topf erhitzen,
Zwiebel goldgelb anrösten. Wirsing, Sellerie, Möhren und

Lauch dazugeben. Pfeffern, salzen, Lorbeerblatt hinzufügen, mit Gemüsebrühe oder Wasser aufgießen. Mit einem Deckel gut verschließen und 30 Minuten auf kleinster Flamme köcheln lassen. Dann Kartoffeln, Blumenkohl und grüne Bohnen dazugeben, gut durchrühren. Tomatenmark einrühren. Weitere 20 Minuten garen lassen. Vor dem Servieren mit gehackter Petersilie bestreuen. Dazu paßt Schwarzbrot.

ÜBERBACKENE SCHWARZWURZELN

750 g Schwarzwurzeln, 1 Eßlöffel Essig, Salz, Saft einer halben Zitrone, Margarine und Semmelbrösel für die Form,
70 g geriebener Hartkäse, 60 g Butter

Frische Schwarzwurzeln sind nicht teuer, müssen aber geschält werden. Dazu empfiehlt es sich, Gummihandschuhe anzuziehen. Eine Schüssel mit kaltem Wasser und etwas Essig vorbereiten. Die geschälten Schwarzwurzeln sofort hineinlegen, damit sie die Farbe nicht verlieren.

Die geschälten Schwarzwurzeln in 5 cm lange Stücke schneiden und in Salzwasser mit etwas Zitronensaft nicht zu weich kochen. Das Gemüse aus dem Wasser nehmen und gut abtropfen lassen. Eine Auflaufform ausfetten und mit Bröseln bestreuen. Schwarzwurzeln einlegen, mit geriebenem Käse bestreuen, mit Butterflöckchen garnieren. Bei mittlerer Hitze im Backofen kurz überbacken, bis der Käse Farbe angenommen hat.

TANTE LISIS MITTWOCHSAUFLAUF
Ein Rezept aus dem Lustenauer Kochbuch

4 Stangen Lauch, 1 Packung Fertigkartoffelpüree, Pfeffer, Salz,
1 Becher Crème fraîche, 4 Eßlöffel geriebener Käse, Margarine
und Semmelbrösel für die Auflaufform

40

Kartoffelpüree nach Vorschrift zubereiten. Lauch waschen und in 3 cm lange Stücke schneiden. In ganz wenig Salzwasser nicht zu weich dünsten. Abseihen und gut abtropfen lassen. Eine Auflaufform einfetten und mit Bröseln bestreuen. Den Lauch einschichten, würzen. Das fertige Kartoffelpüree darübergeben. Den geriebenen Käse mit Crème fraîche gut vermischen und darüberstreichen. Im vorgeheizten Ofen bei mittlerer Hitze überbacken.
Dazu schreibt die Köchin:
„Schmeckt prima und ist schnell gemacht."

ZWIEBEL-DINKEL-GRATIN
Ein Rezept aus dem Lustenauer Kochbuch

2 Eßlöffel Margarine, 4 Zwiebeln, 20 g getrocknete Steinpilze, 2 Karotten, 1 gelbe Paprikaschote, 1 Eßlöffel Honig, Pfeffer, Salz, 1 Lorbeerblatt, 1 Eßlöffel Curry, 200 g Dinkelkörner, 1/2 l Gemüsebrühe, 1/4 l saure Sahne (Sauerrahm), 1 Bund Schnittlauch, 100 g dünn geschnittener Käse
Getrocknete Pilze einweichen, danach gut abtropfen lassen. Zwiebeln in Ringe schneiden, Karotten schälen und in Würfel schneiden, Paprikaschoten in Streifen schneiden. Margarine in einem nicht zu kleinen Topf erhitzen, Zwiebeln darin anschwitzen. Paprika, Pilze und Karotten dazugeben und gut durchrühren. Gewürze und Dinkelkörner beifügen, kurz mitdämpfen und dann mit der Gemüsebrühe aufgießen. Topf gut verschließen und auf kleinster Flamme ca. 40 Minuten sanft köcheln lassen. Danach saure Sahne und Schnittlauch unter den Eintopf rühren und die Masse in eine Gratinform füllen. Mit Käsescheiben belegen und im vorgeheizten Ofen ca. 20 Minuten überbacken. Dazu paßt Salat.

BROKKOLI IN KÄSESAUCE
Ein Rezept aus dem Lustenauer Kochbuch

500 g Brokkoli, 1 Zwiebel, etwas Öl, 1 Eßlöffel Mehl,
¹/₈ l Gemüsebrühe (Kochwasser vom Brokkoli), Salz, Pfeffer,
2 Ecken Schmelzkäse, 3–5 Scheiben Hartkäse (je nach Größe der
Auflaufform), 3 Eßlöffel saure Sahne (Sauerrahm), Margarine
und Semmelbrösel für die Form

Brokkoli in Salzwasser nicht zu weich kochen, abseihen und
gut abtropfen lassen. Zwiebel fein schneiden. Eine Auflaufform einfetten und mit Semmelbröseln ausstreuen. Öl in
einer Pfanne erhitzen, Zwiebel glasig anrösten. Das Mehl
dazugeben, gut verrühren, mit Gemüsebrühe aufgießen und
einige Minuten leicht kochen lassen. Die Pfanne vom Herd
nehmen, den Schmelzkäse beifügen und unter ständigem
Umrühren in der heißen Soße zergehen lassen. Saure Sahne
unterrühren. Den gut abgetropften Brokkoli in die Auflaufform legen, die Soße darübergießen und Käsescheiben darauflegen. Im vorgeheizten Ofen bei mittlerer Hitze überbacken, bis der Käse geschmolzen ist.
Darunter schreibt die Köchin:
„Zwoa Sach'n muaß ma könna:
Ess'n und vagess'n!"

GEMÜSE POLONAISE
Ein Rezept aus dem Sulzer Kochbuch

Gemüse polonaise, das heißt Gemüse auf polnische Art. Hier
wird Gemüse („Egal was, es ist immer gut", sagt die Köchin)
weich gekocht und mit gerösteten Semmelbröseln bestreut.
Zum Beispiel:

BLUMENKOHL (KARFIOL)

1 Rose Blumenkohl (Karfiol), Salz, 1 Eßlöffel Essig,
120 g Butter, 80 g Semmelbrösel
Den Blumenkohl am besten $^1/_2$ Stunde lang in Salzwasser
legen, damit kleine Raupen und Fliegen aus den Röschen
klettern. Das Wasser abgießen und den Blumenkohl in frischem Wasser, Salz und Essig weich kochen. Die Butter in
einer Pfanne aufschäumen lassen, die Semmelbrösel darin
hellbraun anrösten. Den fertiggekochten Blumenkohl aus
dem Wasser nehmen, gut abtropfen lassen und mit den Semmelbröseln garnieren.
Für Gemüse polonaise eignen sich auch: Brokkoli, Blattspinat, grüne Bohnen (Fisolen) oder Spargel.

GEBACKENES GEMÜSE
Freitagsspeise im Kloster Heiligenkreuz
Dazu eignen sich vorzüglich: Zucchini, Auberginen (Melan-
zane), Pilze, Blumenkohl (Karfiol), Sellerie.

600 g Gemüse nach Wahl, Salz, Pfeffer, 2 Eier, einige Eßlöffel
Milch, Weizenmehl und Semmelbrösel zum Panieren, weißes
Fett zum Ausbacken
Zucchini werden der Länge nach in gut 1 cm dicke Streifen
geschnitten. Kleine Pilze können im ganzen paniert werden,
größere werden halbiert. Blumenkohl und Sellerie müssen
vorher kurz überkocht werden, sonst sind sie zu hart. Die
Sellerie wird in runde Scheiben geschnitten, der Blumenkohl
in Röschen zerteilt. Auberginen bedürfen einer besonderen
Behandlung: Sie werden der Länge nach in Streifen oder
aber der Breite nach in Scheiben geschnitten, in eine Schüssel gelegt und gut eingesalzen. Eine halbe Stunde stehenlassen, dann bildet sich ein brauner Saft. Die Auberginen abgießen, gut waschen und sehr gut abtrocknen.

Mehl in eine Schüssel geben, Eier, Milch und Salz gut ver-
quirlt in eine andere Schüssel, Brösel in eine dritte Schüssel
geben. Das Gemüse erst in Mehl, dann in die Eiermilch,
dann in die Brösel tauchen. In einer Pfanne fingerhoch Fett
erhitzen und das panierte Gemüse auf beiden Seiten goldgelb backen. Als Beilage passen Salat und Weißbrot.

GEMÜSEKOTELETTEN
Ein Rezept aus dem Lustenauer Kochbuch

*200 g gekochte Kartoffeln, 200 g Gemüse aller Art, 1 Bund
Petersilie, 2 Eigelb, 1 Teelöffel Sojamehl, 1 Teelöffel
Haferflocken, je 1 Prise Salz und Muskat, 50 g geriebene
Haselnüsse, etwas Öl*

Gemüse fein schneiden und in Salzwasser weich kochen, gut
abtropfen lassen. Gekochte Kartoffeln passieren und mit
dem Gemüse vermischen. Mehl, Haferflocken, Eigelb, Salz
und Muskat daruntermengen und gut durchmischen. Kleine
Laibchen formen. In einer Pfanne Öl heiß werden lassen.
Die Laibchen in den geriebenen Haselnüssen wenden und
sofort im Fett herausbacken. Dazu paßt grüner Salat.

Das sagt die Köchin:

„Spruch auf dem von Hand geschriebenen Kochbuch meiner
Mutter:

Ich habe gute Dienerschaft:

Die Knechte heißen: *Selbstgeschafft* und
Spät zu Bett und *Auf bei Zeit;*
die Mägde: *Ordnung, Reinlichkeit.*
Durst, Hunger heißen *Schenk* und *Koch.*
Hab auch zwei Edelknaben noch, genannt:
Gebet und *gut Gewissen,*
die, bis ich schlaf, mich wiegen müssen!"

Betrachtungen
über den Gang in die Wüste

Fasten ist ein Weg, ein Gang – ein Gang zu sich selbst und ein Gang in die Stille. Bei den Meistern der Seele ist das Ziel dieses Ganges mit einem Begriff umschrieben, der eine wichtige Rolle in der christlichen Gläubigkeit spielt, mit jenem der Wüste. In der Wüste ist Stille garantiert, es ist aber auch Einsamkeit möglich und zugleich Offenheit. Wüste ist daher auch Weite mit der gleichzeitigen Möglichkeit der Konzentration auf das Wesentliche, auf wenige, aber notwendige Dinge des Lebens. Aufenthalt, Leben in der Wüste verlangt Konzentration auf die zum Überleben nötigen Schritte.

Solche Schritte müssen bewußt getan werden, überlegt muß ein Fuß vor den anderen gesetzt werden, weil nirgends die Gefahr des Verlorengehens, des „In-die-Irre-Gehens" so groß ist wie in der Wüste. Ohne Kompaß, ohne Orientierung, ohne Konzentration auf den rechten Weg verliert man sich.

Fasten heißt daher im Buch der guten Auskünfte nachlesen und dann dem blinden Umherkreisen eine Absage erteilen; zugleich heißt es aber auch das anzusagen, was man tun soll, um richtig zu leben.

Eine solche Überlegung, ein solches Nachschauen bringt uns eine Geschichte in den Sinn, die von einem Mann berichtet, der des echten Fastens kundig war und von einem Gehetzten befragt wurde, wie er bei all seinen Verrichtungen so konzentriert sein könne. Er gab zur Antwort:

„Wenn ich stehe, dann stehe ich.
Wenn ich gehe, dann gehe ich.
Wenn ich sitze, dann sitze ich.

Wenn ich esse, dann esse ich.
Wenn ich spreche, dann spreche ich."

Auf den Einwand des Gehetzten, er tue das doch auch, er wolle vom Meister wissen, was er darüber hinaus noch tue, bekam er die gleiche Antwort, die da lautete:

„Wenn ich stehe, dann stehe ich.
Wenn ich gehe, dann gehe ich.
Wenn ich sitze, dann sitze ich.
Wenn ich esse, dann esse ich.
Wenn ich spreche, dann spreche ich."

Auf den nochmaligen Einwand, daß er und viele andere Gehetzte das auch täten, sagte der Kenner der Seele trocken:

„Nein, wenn ihr sitzt, dann steht ihr schon.
Wenn ihr steht, dann lauft ihr schon.
Wenn ihr lauft, dann seid ihr schon am Ziel."

Von Askese und fastenstrengem Mönchstum

Oder: Trainingslager des Geistes

„Askese" (griechisch: „askesis") bedeutet „Übung", zuerst einmal die Übung, auch Lebensart der Athleten. Die Griechen der Antike, so hört man in der Schule, waren die Erfinder von so ziemlich allem, mit dem man heute leben kann und muß: Demokratie, Politik, Philosophie, Sport, Theologie, Mathematik, Olympische Spiele, Literatur usw., aber das ist schamlos übertrieben. Ihre Gymnasien jedenfalls waren zuerst Sportstätten und -schulen, also Trainingslager für die aufstrebende (allerdings ausschließlich männliche!) Jugend, nur nebstbei wurde philosophiert, mit einem Wort, wohin man schaut Askese, im Neusprech hieße das Fitneß oder Wellness.

Wie kommt es dann zur Verdüsterung des Worts?

Durch das Mönchstum. Und zwar zuerst durch das fernöstliche.

Der indische Religionsgründer Wardhamana, der den Ehrentitel Dschina, also Sieger, verliehen bekam, bildete in der Zeit vom 6. zum 5. Jahrhundert v. Chr. eine Glaubensgemeinschaft, deren oberstes ethisches Prinzip das absolute Verbot der Tötung jeglicher lebender Wesen ist. Der nach dem Dschina benannte Dschainismus ist die wohl extremste Form einer „Fastenreligion". Denn neben dem Tötungsverbot, dessen Konsequenz so weit geht, daß Gläubige nur bei Tag und zu Fuß reisen dürfen, dabei ständig mit einem Besen den Weg vor sich kehren, um nicht aus Unachtsamkeit einen Käfer oder anderes Niederwild zu zertreten, und durch ein vor den Mund gebundenes Tuch verhindern, daß vielleicht ein Insekt verschluckt wird, gilt es als Vollendung – die nur durch mönchisches Leben erreicht werden kann –, den eigenen Körper durch Nahrungsverzicht zu zerstören, sogar bis zum Tod. Der Gedanke der totalen Reinigung des Geistes von der lästigen irdischen Materie feierte hier einen ersten Höhepunkt. Der bemerkenswerte und geradezu dialektische Widerspruch zwischen Lebensschutz- und Selbstvernichtungsethik war damals nicht etwa einzigartig und nur lokal begrenzt. Fast zeitgleich zum Dschina kam der nordindische Prinz Siddhartha, der ebenfalls ein streng fastendes Leben führte, zur Auffassung, daß ein sich selbst Verhungernder keinen zielführenden Glaubensweg gehen könne. Buddha, der Erwachte, wie er sich dann nannte, schlug den achtfachen Weg zur Erlösung vor, der aber nur bei ausreichender körperlicher Gesundheit zu gehen war. Das Tief-Trance-Fasten hatte er, wie über ihn berichtet wird, sechs Jahre lang ausgereizt: „Seine Glieder wurden wie dünne Lianen, sein Gesäß wie ein Ochsenhuf, sein Rückgrat wie eine Kugelschnur, seine Rippen wie die Sparren einer eingefallenen Hütte, seine Augen wie die Widerspiegelung von Sternen in einem tiefen Brunnen." So daß die Buddha zugeschriebene Aussage, die im Grunde genommen für alle Religionen Geltung haben kann, aus voller Kompetenz erfolgte: „Wenn Religion bestünde in Leibespeinigung, führt sie zur Ruh' uns nicht (...), den Leib zu plagen führt bloß zum Tode. Kraftgewinn ergibt sich nur aus des Geistes Anspannung (...) Habt ihr den Geist dagegen wohl erzogen, dann wird von selbst der Leib den rechten Weg gehen."

Der Dschainismus hat, da er nie missionarisch auftrat, in unserer Zeit in Indien noch knapp drei Millionen Anhänger. Der Buddhismus wurde zu einer Weltreligion, die aber längst nicht mehr in Indien zu Hause ist, sondern ihre Heimat im Zen Chinas und Japans gefunden hat.

Auch im Mittelmeerraum des 5. und 6. Jahrhunderts entwickelten sich körperkritische und -feindliche moralisch-ethische Gruppierungen. Die Philosophenschule der Pythagoräer, um jenen allseits bekannten Mathematiker und Phi-

losophen Pythagoras geschart, der nicht nur dem rechtwin-
keligen Dreieck sämtliche Geheimnisse entriß (die vor ihm
selbstverständlich alle ägyptischen Landvermesser schon
kannten), sondern auch eine gesamtkosmische Harmonie-
lehre entwickelte, verstanden und benahmen sich ebenfalls
als strikte Asketen: Auch ihnen, typischen Mystikern, war
der Körper feindlich geworden.

Nur an diesen drei punktuellen Beispielen zeigt sich, daß es
ein damals weitgespannter, asiatisch-europäischer Trend war,
aus der körperstärkenden Leibesertüchtigung, der ursprüng-
lichen Askesis, in ein hochphilosophisches geistiges Trainingslager überzugehen, in dem die Muskelmaschine des
Körpers nur hinderlich war. Im selben Zeitraum traten in
Palästina bedeutende jüdische Propheten auf, die ebenfalls
ein Fastenleben in Einsamkeit immer wieder zur Verstär-
kung ihrer Lehren führten. Das Judentum neigte zwar kul-
tisch gesehen überhaupt nicht wie indische Bettelorden oder
hellenische Philosophenzirkel in Richtung Mönchstum –
trotzdem, in Qumran am Toten Meer wurde nach dem
Zweiten Weltkrieg von Archäologen nach den berühmten
Schriftrollen eine jüdische Mönchssiedlung entdeckt, deren
Größe und religiöse Bedeutung sich als überragend heraus-
stellte: die Gemeinde der Essener, der Söhne des Lichts. Es
gibt Spekulationen darüber, daß der aus dem Neuen Testament bekannte Täufer und Wüstenprediger Johannes einer
aus diesem jüdischen Askese-Orden gewesen sein soll.

Vor und während der Lebenszeit des Jesus von Nazareth
hatten die Prediger in der Wüste Palästinas nicht nur eine
besonders hohe Anzahl erreicht. Wenn Johannes der Täufer
an einer Furt des Jordans predigte, so kann man heute
durchaus annehmen, daß wahrscheinlich jedes bekannte
Wasserloch der judäischen Wüste ebenfalls von meditierenden, fastenden und oft auch zu Buße und Umkehr aufrufen-
den „Sonderlingen" und Eiferern umringt war. Denn die
Zeit war brisant – die Juden lebten in einer römischen Mili-

tärdiktatur, die sich mit der Tempelaristokratie arrangiert hatte. Die volkstümliche religiöse Widerstandsbewegung – Jesus stand als offensichtlich nicht approbierter Rabbiner dem Pharisäertum seiner Zeit sehr nahe – war die eine Komponente, die „Eiferer in der Wüste" die andere, besonders militante und aus der Sicht der Besatzung gefährliche. Sie nannten sich „Zeloten", hebräisch für „Eiferer", die römischen Besatzungstruppen nannten sie „Sicarii", die „Dolchmänner". Die Zeloten waren vom Glauben beseelte und von selbstmörderischem Mut getriebene Fanatiker. Die in den Gewändern verborgenen Dolche blitzten entweder in den Straßen der Städte und Dörfer oder auf den Lagerplätzen der Karawanen auf. Opfer waren römische Legionäre oder Verwaltungsbeamte der verhaßten Tempelpriester. Es muß für Pontius Pilatus und Kollegen so gut wie unmöglich gewesen sein, zwischen einer friedlich meditierenden Gruppe von religiösen Sonderlingen und herumziehenden Rebellen unterscheiden zu können. Denn selbst der Nazarener hatte unter seinen Anhängern mindestens einen Simon, der sich Zelot nannte (Simon der Eiferer), sowie auch einen zweiten Simon, den Fischer, der nach geltenden Gesetzen der Zeit unerlaubt bewaffnet war. Jesus, der vor Antritt seines öffentlichen Wirkens vierzig Tage in strenger Askese lebte, tat dies wahrscheinlich auch als politisch-religiöses Zeichen an seine Landsleute. Wir dürfen ihn nicht als so naiv betrachten, daß er nicht gewußt hätte, was das Wüstenfasten für seine gesamte Umgebung ideologisch und politisch bedeutete. Das Fasten des Buddha und seine Rückkehr als Erwachter aus der Hauslosigkeit des Dschungels zum „Normalkonsum" und die Rückkehr Jesu aus der Wüste zur Wanderpredigt unter „Normalverbrauchern", also ins praktische Leben, sind verblüffend ähnlich. Die Askesis (Übung!) der beiden war auch spirituelles Trainingscamp gewesen.

An beiden Fallstudien ist – blendet man die zeitgenössische Geschichtsbetrachtung ein – zu sehen, daß das Fasten schon eine klare politische Komponente bekommen hatte. Es war auch ein Loslösungsritual von der standardisierten Gesellschaft geworden.

Dies dürften die christlichen Wüstenmönche der ersten knapp vierhundertjährigen Epoche des Christentums als so wichtig betrachtet haben, daß sie ihr Glaubensleben nur mehr als absolute Askese verstanden. Die Montanisten, die Anachoreten (aus dem Griechischen: „anachoresis", das heißt „Zurückgezogenheit") und viele andere frühe christliche Bewegungen, die das „Ende der Welt nahen" sahen, nahmen die asketischen Traditionen der Weltentsagung als Lebensmethodik auf sich. Gleichgültig, ob sie von der Großkirche als Ketzer verdammt oder später als heilige Kirchenväter verehrt wurden, ihre radikale Fastenkultur ist, betrachten wir es politisch, wiederum eine Antithese zu einer Welt des Zusammenbruchs, der Auflösung, des unvermeidlichen Untergangs. Und dies war die Spätantike tatsächlich. Die strenge Weltabkehr, die Abkehr von jeder menschlichen Gemeinschaft, wie sie von den ägyptischen Wüstenmönchen um 300 n. Chr. praktiziert wurde, scheint aus heutiger Sicht der Leistungs- und Konsumgesellschaft unvorstellbar zu sein, trifft aber in vielen „Aussteigergesinnungen" des Postkapitalismus wieder auf Verständnis. Jedenfalls gilt einer der berühmtesten Anachoreten, Antonius der Große (ca. 251– 356 n. Chr.), als geistiger Vater des christlichen Mönchstums. Christliche Wüstenklöster in Ägypten gibt es heute noch, aber damals war das Leben in Einsamkeit, wie es die Einsiedler oder auch kleine Mönchsgruppen gemeinsam versuchten, eine Bewegung von ungeheurer Attraktivität. Tausende Männer und Frauen zogen aus dem spätantiken Europa nach Ägypten, um diese Vorbilder zu studieren und zu bestaunen. Fasten aber war für das Wüstenmönchstum interessanterweise nicht das wichtigste. Das wichtigste war die Meditation und die Verheiligung des Lebens. Aber ohne Fasten, meinten sie, ginge das nicht. Dies war im Prinzip der

Kernsatz ihrer Askese. Es gab nicht nur die großen Väter der Wüste, es gab auch Frauen, die dieses Leben führten. Eine der großen Mütter dieser Zeit, Amma Synkletika, erklärte ihren Besuchern: „Die Üppigkeit der Weltleute soll dich nicht reizen, als wäre sie etwas Wertvolles, es geht doch dabei nur um Lust. Denn bei ihnen ist die Kochkunst in Ehren, aber durch Fasten und einfache Speise bist du dem Überfluß ihrer Nahrung überlegen."

Die Wüstenasketen hatten zum Fasten eine geistig-sportliche Einstellung. Fasten – und sie hungerten sich ja halb zu Tode – machte den Weg zu Gott erst frei. Denn wer mit vollem Bauch lebt, dem „hungert nicht nach der Liebe Gottes". Da das Fasten als Entbehrung vorerst schwierig und schmerzhaft war, konnte nach gelungener Übung (Askesis!) der Sieg nur dann zu erwarten sein, wenn die Übungen der Entbehrung noch schwieriger und genauer zu absolvieren waren. Am Anfang des christlichen Mönchstums standen also im weitesten Sinne das sportliche Denken der hellenischen Antike, der Monotheismus des Judentums, erweitert um die Erwartung der unmittelbar bevorstehenden Wiederkehr des Messias Jesus von Nazareth und das ethische Ziel der körperlichen Reinheit und Friedsamkeit, um die schon Dschinna und Buddha mit der strengsten Fastentechnik gekämpft hatten.

Das Christentum wurde vom 4. Jahrhundert an zunehmend Staatsreligion, die sich von Byzanz über Rom nach Europa verbreitete. Schon in der spätantiken Welt mußte klar sein, daß eine asketische Grundlage christlichen Lebens nicht durchzuhalten war, wenn es um die erfolgreiche Verbreitung in Staat und Gesellschaft ging. Bischof Palladius hatte selbst zwölf Jahre lang als Mönch in der Wüste Ägyptens gelebt und schrieb seine Erfahrungen für einen Freund nieder, der in Byzanz als hoher Staatsbeamter das Amt eines Finanzministers innehatte. Palladius wußte um die Gefahr, daß Askese verlocken konnte, was aber mit den Pflichten eines Staatsbeamten nicht vereinbar war. Und so verweist der Bischof auf die Stimme der Vernunft: „Wenn du mit Vernunft etwas nimmst (ißt) und mit Vernunft dich einer Sache enthältst, wirst du nie sündigen. Unter all den Bewegungen in unserem Inneren ist die Vernunft etwas Göttliches; sie verbannt, was schädlich ist, und sie nimmt auf, was Nutzen bringt. Es ist nämlich besser, mit Vernunft Wein als mit Hochmut Wasser zu trinken!"

Reisspeisen

BRENNESSELRISOTTO
Ein Rezept aus dem Lustenauer Kochbuch

*200 g Reis, 40 g Butter, 1 Schalotte, ³/4 l Gemüsebrühe (oder
Wasser mit Suppenwürfel), 30 g getrocknete Pilze, 2 Knoblauch-
zehen, Salz, Pfeffer, 1 Prise Muskatnuß, ¹/8 l trockener
Weißwein, 150 g Brennesselblätter und -spitzen, ¹/8 l saure
Sahne (Sauerrahm), 150 g geriebener Hartkäse*

Die Brennesseln und die Schalotte fein hacken. Knoblauch
in dünne Scheibchen schneiden. Pilze in kaltem Wasser einweichen, abtropfen lassen und klein hacken. Die Butter in
einer geräumigen Kasserolle aufschäumen lassen. Reis und
Schalotte hinzufügen und glasig anrösten. Mit Gemüsebrühe
aufgießen, einmal aufkochen lassen. Pilze, Knoblauch, Pfeffer, Salz und Muskatnuß dazugeben und auf kleiner Flamme
15 Minuten dämpfen lassen. Den Weißwein in einem Topf
aufkochen lassen und die Brennesseln darin dämpfen, anschließend zum Risotto geben und alles auf kleiner Flamme
garen lassen. Zuletzt die saure Sahne einrühren und kurz
durchziehen lassen. Vor dem Servieren mit geriebenem Käse
bestreuen.

TOMATEN AUF PIKANTEM REIS
Ein Rezept aus dem Sulzer Kochbuch

*250 g Reis, ¹/2 l Wasser, Salz, 20 g Butter, 60 g geriebene oder
kleingehackte Nüsse, 1 Teelöffel Zwiebelpulver (ersatzweise
1 kleine, sehr fein gehackte Zwiebel), 70 g geriebener Hartkäse,
etwas Öl zum Anbraten; 300 g Tomaten, Petersilie (eventuell
auch andere Kräuter, z. B. Basilikum, Thymian, Salbei,
Rosmarin, Majoran), Kräutersalz, 10 Oliven, in Stücke*

geschnitten, nach Wunsch Hartkäse oder Parmesan zum
Bestreuen

Reis in Wasser mit etwas Salz zum Kochen bringen und bei schwacher Hitze ausdünsten lassen. Butter, Nüsse, Zwiebelpulver (oder Zwiebel) und Olivenstückchen unter den gekochten Reis mischen und noch einmal bei geringer Hitze 1 Minute ziehen lassen. Tomaten halbieren, Kräuter fein hacken. In einer großen Pfanne Öl erhitzen, den Reis hineingeben und die Masse glattstreichen. Tomatenhälften dicht nebeneinander mit dem runden Teil nach unten hineindrükken, so daß sie den Boden der Pfanne berühren. Die Schnittflächen der Tomaten mit Kräutern und Kräutersalz bestreuen. Im Ofen bei mittlerer Hitze überbacken. Das Gericht ist fertig, wenn die Tomaten durchgebacken sind.

Die Köchin notiert:
„Es ist dies ein sehr einfaches, schnell gekochtes, aber dennoch herrlich schmeckendes Essen."

RISI-PISI
Ein Rezept aus Italien

Die Speise bedeutet eigentlich „rise e pise", also Reis mit Erbsen. Für viele Köchinnen ist das Risi-Pisi, so die Verballhornung, zu einer Speise geworden, bei der man übriggebliebenen Reis verarbeitet. Aber natürlich kann das Risi-Pisi auch frisch gekocht werden.

250 g Reis, 1/2 l Wasser, Salz, 80 g gekochte grüne Erbsen,
1 nußgroßes Stück Butter, etwas Parmesan oder geriebener
Hartkäse zum Bestreuen

Reis mit Wasser und Salz zum Kochen bringen und langsam weich dünsten lassen. Die in Salzwasser kernig gekochten Erbsen (oder Erbsen aus der Dose) mit dem fertigen Reis vermischen, ein Stückchen Butter unterheben und einige Minuten nachdünsten lassen. Dazu geriebenen Käse reichen.

GEMÜSEREIS

Gemüsereis kann mit verschiedensten Gemüsesorten zubereitet werden, je nach Saison und Geschmack. Hier ein Beispiel:

PILZREIS

250 g Reis, ¹/₂ l Wasser, Salz (oder bereits gekochter Reis),
1 Zwiebel, etwas Öl, Salz, Pfeffer, 300 g Pilze, eventuell
Hartkäse zum Bestreuen, frische Kräuter
Zwiebel fein hacken, in Öl anrösten, blättrig geschnittene Pilze dazugeben, würzen und weich dünsten. Mit dem gekochten Reis vermischen und kurz nachdünsten lassen.
Auf dieselbe Weise kann man andere Gemüsesorten zubereiten und mit dem Reis mischen, zum Beispiel Karotten, Brokkoli, Lauch, Maiskörner, aber auch Gemüsemischungen.

Betrachtungen

über freiwilligen Verzicht

Heißt es, das Pferd am Schwanz aufzäumen, wenn man beim Thema Fasten erst über das Geistige und dann über das Körperliche spricht? Nun, diese Dinge des menschlichen Lebens soll und kann man nicht trennen. Beim Fasten schon gar nicht, denn Körper und Geist sind dabei gleichermaßen engagiert, es geht immer um den ganzen Menschen. Rein geistiges Fasten bleibt deshalb genauso ein Krüppel wie das allein körperliche und umgekehrt. Denn in die Stille gehen, vom Alltag abschalten tut dem Körper genauso wohl wie dem Geist, so wie vernünftiges Essen und eine gute Verdauung genauso das Wohlbefinden des Körpers fördern wie jenes des Geistes.

Man muß also von dieser gegenseitigen Ergänzung wissen, wenn man sinnvoll fasten, sinnvoll leben will. Einfachheit und Bescheidenheit zum Beispiel sind ebenso Kriterien des Geistes wie der Materie. Deshalb ist ein Verzicht auf Hochmut gleichbedeutend mit dem Verzicht auf lebensnotwendige materielle Dinge. Und es kann daher ein Mensch glücklich werden, indem er echte geistige Demut lernt und übt oder indem er auf Alkohol, Nikotin, Süßigkeiten, Kaffee usw. verzichtet.

Ich bin zudem auch überzeugt, daß sich neue Dimensionen im Leben eröffnen, wenn wir zusätzlich zu unseren Möglichkeiten auch die des freiwilligen Verzichts lernen. Es gehört zu den befreiendsten Erlebnissen des menschlichen Daseins überhaupt, erkennen zu dürfen, daß Verzicht bereichert, und wenn es nur wäre, daß wir die Kraft zu einem einfacheren und daher glücklicheren Leben geschenkt bekommen.

Es steckt schon viel Wahrheit in dem Satz von Martin Buber: „Man besitzt nur, was man herschenkt."

Man ist dann wie ein Baum, der, verwurzelt in der Erde,

fähig ist zu grünen, sich nach oben zu strecken, Schatten zu spenden, Früchte zu schenken, also seinen Kontakt mit der Umwelt zum Segen der Umwelt aufrechtzuerhalten. Und was noch dazukommt: Seine Zweige weisen in die Höhe, in die Richtung des Lichts, von woher er die Kraft nimmt, sich noch stärker zu verwurzeln und zugleich offener für die Einflüsse von oben zu sein.

Vom Darben und vom Völlern

Oder: Fasten als Luxus

„Unter den herrlichen Gaben, die ihm vom Heiland geschenkt waren, glänzte vornehmlich die Gabe des Fastens, und er kasteite sein Fleisch durch strengste Enthaltsamkeit, wobei er lehrte, daß der durch reichliche Speise genährte Körper der Seele bald den Tod bringen müsse. Schuhe trug er niemals: mitten im Winter, welcher in jenen Gegenden von schrecklicherem Frost erstarrt, ging er stets barfuß und gab damit den Beweis einer einzigartigen Standhaftigkeit. (. . .) Auf der festen Grundlage dieser Tugend sicher stehend, strahlte er so sehr durch den hellen Glanz göttlicher Gaben, daß ihn sogar die ketzerischen Feinde der Kirche mit ehrfurchtsvoller Dienstwilligkeit begegneten."

Der Presbyter Eugippius beschreibt so seinen Lehrer und sein Vorbild, den heiligen Severin. Severinus war nach dem Tod des Hunnenkönigs Attila (453 n. Chr.) an die Donau gekommen. Er kam nach eigenen Aussagen aus dem Osten, und er kam höchstwahrscheinlich von den ägyptischen Wüstenmönchen in die frostige Kälte des Nordens. Er missionierte, gründete Klöster, weissagte, schlichtete die kompliziertesten politischen Probleme und wirkte für seine Zeitgenossen eine Reihe bemerkenswerter Wunder. Die Grundrezeptur all seines öffentlichen und persönlichen Wirkens war für ihn selbstverständlich, für seine Umgebung hart und herausfordernd: beten und fasten. In allen Krisensituationen rief er dazu die gesamte Stadtgemeinde auf. Eugippius beschreibt mehrmals kollektives Fasten und Gebet, das der Heilige seiner Umgebung verordnete, was für die Menschen, da es ja tagelang dauern konnte, sehr anstrengend gewesen sein muß.
Das Christentum war in Soldatenstiefeln – der heilige Mar-

tin war römischer Offizier – und Mönchssandalen nach Europa gekommen. Im logischen Anschluß an die nördliche Ausdehnung des Römischen Weltreichs. Wie Fastengebote auf die zuerst barbarisch genannte keltische und germanische Urbevölkerung wirkten, läßt sich abschätzen, wenn man die beiden grundverschiedenen Ernährungskulturen vergleicht, die hier aufeinandertrafen. Die griechisch-römische Kultur war bereits seit langer Zeit auf der Grundlage der Hauptnahrungsmittel Weizen, Wein und Öl aufgebaut. Obst und Gemüse spielten auch eine gewisse Rolle, Fischerei hatte nur in den Küstenregionen Bedeutung. Doch die Haupternährung der Bevölkerung wie auch des Militärs ist keineswegs der überlieferten orgiastischen Völlerei der Kaiserhöfe und der reichen Patrizier gleichzusetzen. Sie basierte auf Mehlbrei, Oliven, Wein und Gemüse. Fleisch und Käse ergänzten diesen Speiseplan nur geringfügig, denn Schafe und Ziegen wurden überwiegend ihrer Milch wegen und als Wollieferanten gezüchtet.

Die Barbaren, also die keltischen und germanischen Völker, waren seit Jahrhunderten an das Leben in den großen Wäldern gewohnt. Im Gegensatz zu den Mittelmeerkulturen nutzten sie die unberührte Natur. Haupternährungsquelle war Jagd und Fischerei, auch das Sammeln wilder Früchte sowie die Zucht wildlebender Tiere in den Wäldern. Die Comicserie mit und um den Gallier Asterix beschreibt amüsant und historisch korrekt den Hauptbestandteil der Ernährung: Schweinefleisch. Diese Schweine, die Asterix und Obelix für die tägliche Mahlzeit im Wald „ernteten", waren tatsächlich allerdings keine Wildschweine, sondern halb wild lebende Hausschweine, die, sich selbst versorgend, die reichlichen Nahrungsquellen der Wälder um die Siedlungen abweideten. Schweinebraten war bei den Kelten auch hierarchisch so geschätzt, daß es, wie antike Historiker beschreiben, wegen eines besonders knusprigen Koteletts bei einem Festbankett unter den Kriegern jederzeit zu blutigen Auseinandersetzungen kommen konnte. Kelten und Germanen kannten ursprünglich keinen Wein, sie tranken Milch weiblicher Lasttiere (Pferde und Rinder) oder Obstwein aus vergorenen Wildfrüchten. Das einzige Kochfett der Römer, das Öl, wurde bei ihnen nicht so geschätzt wie Butter und Speck. Es ist klar, daß auch die Germanen Getreidebrei oder Gerstenfladen aßen, ebenso wie die Römer auch Schweinefleisch kannten. Aber die auf den Hauptnahrungsmitteln aufbauenden Denkweisen der in der Völkerwanderung aufeinanderprallenden Kulturen verhielten sich zueinander so wie heute die Pasta- und Polentaküche des italienischen Volks zum Schweinsbraten-und-Knödel-Standard der Süddeutschen.

Der christliche Glaube kam sowohl ethisch wie auch kulinarisch aus dem Süden. Es ist – auch wenn die Eucharistie auf die Speisen des jüdischen Sedermahles vor dem Passahfest zurückgeht, wo Wein und ungesäuertes Brot aus viel älteren Gründen zu höchsten Ehren kamen – kein Zufall, daß in den Sakramenten des Christentums eben Brot und Wein, Wasser sowie Öl (zur Salbung) die Hauptrollen spielen. Die sogenannten heidnischen Religionen kannten Fleisch und Blut als Opfergaben. Hier muß noch kurz erinnert werden, daß auch im jüdischen Tempel das Schlachtopfer von Tieren im Mittelpunkt der Gottesverehrung stand. Es wundert auch nicht, daß die Evangelien deutlich beschreiben, wie wenig der friedliebende Wanderprediger Jesus mit diesem archaischen Tempelkult gemein hatte. Kulturgeschichtlich ist das Opfer seines Fleisches und Blutes am Kreuz der römischen Justiz auch eine deutliche Zäsur für alle Kultformen, die die Götter oder den Allmächtigen als höchsten „Fleischesser" betrachteten. Der Fleischhunger der alten Götter war ja in vielen Religionen sogar mit dem Opfer von Menschenfleisch zu stillen gewesen.

Die Fastenkultur der Christenmönche stieß daher im Norden der antiken Welt auf zweifache Vorbehalte. Nicht nur das vorgelebte Ideal der asketischen Lebensweise war inner-

und außerhalb der römischen Welt höchst ungewöhnlich, der Verzicht auf alle „fleischlichen Genüsse" als Buß- und Reinigungsübung muß doppelt schwer gewesen sein. Wollte das Christentum – und es sollte noch ein langer Kampf werden – den Norden erobern, würde, das war den weisesten unter den heiligen Männern klar, nicht nur für das Mönchstum, sondern vor allem für die breite Bevölkerung ein Fastenkodex zu schaffen sein, der einerseits die alten Lebensweisen nicht endgültig zerstörte und andererseits die neue Ethik in ihrer Grundaussage nicht gefährdete. Hier kam wieder einmal die griechische Philosophie zu Hilfe. Denn der Ausweg war, wenn es den Laien auch nicht so erklärt werden konnte, die „aristotelische Mitte": Der Mensch möge so viel zu sich nehmen, als er braucht. Das mag im ersten Moment freizügig klingen, aber die Aristoteliker und Platon-Kenner wußten, daß es im Gegenteil Strenge bedeutete, nämlich die Enthaltsamkeit von allem, was nicht notwendig ist: Völlerei, Ausschweifung, exzessive Sexualität und jede Art von Protzertum. Die Klöster, über die Jahrhunderte des Mittelalters hinweg zu Besitz, Reichtum und Macht kommend, waren also stets in Gefahr, dem idealen Ansatz selbst zu widersprechen. Daher kam es im Hochmittelalter bereits zu konsumverweigernden Widerstandsbewegungen wie jener der Katharer oder Waldenser oder dem beispielgebenden Bettelorden des Franz von Assisi.

Giovanni, genannt Francesco, der Sohn des reichen Tuchhändlers Bernardone, wird 1182 in Assisi geboren. Die Geschichte seines Aussteigertums, das letztendlich gegen seinen Willen zur Gründung eines Ordens führte (er selbst wollte nur eine Kommunität mit zutiefst christlicher Lebensweise bilden), füllt Bibliotheken, denn er avancierte nicht nur als Führer einer antikirchlichen Widerstandsbewegung zum christlichen Heiligen, seine Verhaltensweise und Lebensgeschichte haben bis heute tiefsten Eindruck hinterlassen. Um diesen Franz scharten sich – es wäre auch heute nicht anders

– sehr rasch exaltierte Mitmenschen, die ihr Heil in asketischer Lebensweise suchten. Für ihn aber war der Dienst an den „Geringsten seiner Brüder", den Armen und Leprakranken, wichtiger als die heiligmäßige Totalentsagung. Bezeichnend ist die Anekdote aus seinem Leben, als nach einem kärglichsten Abendmahl einer seiner Mitaktivisten durch nächtliches Stöhnen alle Mitbrüder aus dem Schlaf riß. Franz zündete ein Licht an und suchte nach der Ursache. „Ich sterbe vor Hunger!" erklärte der Stöhnende. Franziskus veranlaßte sofort einen Mitternachtsimbiß und ließ seine Mitbrüder wissen, daß nichts unsinniger sei, als anderen nachzueifern, die mit weniger auskämen. Man solle dem Körper das geben, was er zum Leben brauche. Schwelgerei sei sicherlich schlecht, aber übertriebenes Fasten noch schädlicher. Jeder möge so viel essen, als er nötig habe. Es ist anzunehmen, daß der heilige Wohlstandsflüchtling Franz von Assisi, der sich und seine Gemeinschaft stets in der Nachfolge Jesu sah, sich mit dem Gautama Budddha, der rund 1.700 Jahre vor ihm lebte, zumindest was die ideale Lebensweise betraf, aufs prächtigste verstanden hätte.

Tatsächlich hatte sich das europäische Hochmittelalter schon längst durch eine völlig unsinnige Fastenkultur ausgezeichnet, nämlich eine soziale. Der Reichtum des Klerus, des Adels, der Königs- und Kaiserhöfe, deren Lebensgewohnheiten und Ernährungsweisen hatten mit der großen Masse der Bevölkerung, die oft in unvorstellbarer Armut lebte, nicht mehr das geringste gemein. Interessant ist, daß erst die jüngste Mittelalterarchäologie diese Diskrepanz voll aufzeigt. Denn eine ständige Mangelernährung oder ein völlig einseitiger Übergenuß – vor allem von Fleisch – hinterläßt körperliche Spuren, die an den Skeletten der Menschen ablesbar sind, die heute im Zuge von städtischen Großbau-Unternehmen aus ihren Gräbern gerissen werden. „Im Mittelalter ging es im wahrsten Sinne des Wortes um die Wurst", erzählt ein erfahrener Wiener Stadtarchäologe. „Bei Gräberfunden können wir schon bei erstem Prüfen von Skelettfunden anhand der Zähne, der Körpergröße, der Knochenentwicklung sagen, ob es sich um einen wohlhabenden Bürger oder Adeligen oder um einen Menschen des einfachen Volkes handelt. Die Ernährungsdifferenz war so gravierend, daß das heute noch mit freiem Auge ablesbar ist." Wenn der Dichter Bertolt Brecht Mitte des 20. Jahrhunderts einen Arbeiter sagen läßt: „Wir brauchen nicht den Appetit, wir haben den Hunger", so beschreibt er damit einen Klassengegensatz, der in seiner krassesten Form schon im Mittelalter galt. Das Fasten als religiöse Übung war damit bereits zum Luxus der Reichen geworden. Wie sollte ein hungernder Taglöhner oder Kleinstbauer im kirchlichen Fasten noch einen Sinn sehen?

Ein altes Volksmärchen bietet geradezu klassenkämpferisch eine Phantasie an: das Schlaraffenland. Wo einem gebratene Tauben in den Mund fliegen, wo Würste und Schinken an den Bäumen hängen, wo Wein, Milch und Honig in den Bächen fließt – all das hat es in den Augen des Volkes als unerreichbare Verheißung auch wirklich gegeben. Bei den Prunk-Essen der Reichen, sei es Hochadel oder Klerus. Ein Beispiel: Im Mai 1473 ließ der Kardinal von San Sisto im Interesse von Papst Sixtus IV. für den Herzog von Ferrara und dessen Braut Eleonora, Prinzessin von Aragon-Neapel, ein öffentliches Gastmahl ausrichten, dessen Pomp auch für den heutigen Jet-set unvorstellbar ist. Auf der Piazza Santi Apostoli wurde aus Holz eine gewaltige Festarchitektur – ein Renaissancepalast – errichtet, der mit goldgestickten Teppichen, vergoldeten Tapeten und Textilien geschmückt war, daß es den fürstlichen Ankömmlingen förmlich den Atem verschlug. Im Palast sorgten drei versteckte Blasebälge für Kühlung, auf der Piazza wurden zwei Springbrunnen angelegt, deren Wasser aus großer Höhe vom Dach der Kirche Santi Apostoli herabgeleitet wurde. Das Essen gab sich als öffentliche Zeremonie vor den Augen der ganzen Stadt.

Prinzessin Eleonora beschrieb ihren Eindruck so: „Besagtes Gastmahl dauerte von der zwölften Stunde bis zur neunzehnten. Mit so viel Kunst, so vielen guten Einfällen und so großartiger Ausstattung im Übermaß, daß es nicht möglich scheint, ihm könne je eine Sache gleichkommen." Die Gänge können nur auszugsweise beschrieben werden. Zuerst Süßigkeiten, überzuckerte Orangen und Malvasierwein. Dann die Süßigkeiten der Haupttafel: vergoldetes Zuckerwerk, Milchbrot, das mit Gold überzogen ist. Alle mit Edelmetallen überzogenen Speisen sind natürlich ungenießbar, sie dienen nur dem optischen Prunk. Anschließend als Antipasto eingemachte Quitten. Es folgen fünf Teller mit verschiedenem Fleisch: Kapaun, Ziege, Kalb, dazu Weißwein. Darauf wieder Kapaun unter vergoldeten Granatäpfeln versteckt, zehn Hähnchen mit Pfauenfedern dekoriert. Dann ein gigantischer Fleischgang aus Kälbern, Ochsen, Ziegen, Hühnern und Kapaunen. Die meisten Tiere sind in ihrem natürlichen Zustand mit Haut und Haar gekocht – also völlig ungenießbar. Dafür sind sie mit Kalbsköpfen, Würsten und Zuckerwerk dekoriert. Mit, nein, *in* den weiteren Speisen (so groß sind die Servierplatten) treten Jünglinge auf, die Verse rezitieren und Lieder singen. Es werden also tatsächlich ganze Speiselandschaften aufgetragen. Anschließend folgen wieder vergoldete Pasteten und Muskatellerbirnen, dann Zitruswasser zum Händewaschen und Tücher zum Trocknen. Der erste Gang ist vorüber. Der zweite beginnt mit zehn Schiffen aus Zuckerwerk, beladen mit Girlanden und Rosen . . .

Wie gesagt, die gesamte Speisenfolge würde weitere Seiten füllen. Die Teilnehmer des Diners wären selbst bei den genießbaren Speisen nicht in der Lage gewesen, auch nur einen winzigen Bruchteil der Nahrungsmenge zu sich zu nehmen. Die meisten eßbaren Speisen wurden nach ihrer Präsentation „ins zusehende Volk geworfen" – eine geradezu archaische Sozialleistung!

Ein römischer Chronist vermerkt in seinem Diarium dazu

kurz und bündig: „Es war dies eines der schönsten Ereignisse, die man je in Rom und auch außerhalb Roms gesehen hatte, denn es hat mehrere tausend Dukaten gekostet."

Nun müssen wir uns die atemberaubende Wirkung einer solchen Prunkvöllerei und Speisenvernichtung auf das einfache Volk vorstellen. Die Metapher vom Schlaraffenland ist dagegen noch als maßvoll zu bezeichnen. Und die Verheißung des Märchens, dieses Land könne erreichen, wer sich durch einen riesigen Berg aus Hirsebrei – also die alltägliche Nahrung der Armen – durchfrißt, ist geradezu utopisch. Wie sollte ein Hirsebreiesser des Mittelalters je zu diesem unvorstellbaren Reichtum gelangen?

Es ist kein Wunder, daß die reformierte Kirche des Protestantismus das kirchlich vorgeschriebene Fasten für das Volk als reine Heuchelei beziehungsweise Unterdrückung der Armen aufhob. Ohne jedoch, wie es Martin Luther formulierte, „die feine Zucht" des Fastens für den Menschen als geistige und leibliche Übung grundsätzlich zu verwerfen.

Der heilige Severin aber, der barfuß durch Norikum gewandelt war und für die Menschen des 5. Jahrhunderts durch Gebet und Fasten Wunder und Rettung gebracht hatte, hätte sich angesichts solcher Zustände anno 1473 zu Rom bestimmt überhaupt nicht mehr ausgekannt.

Getreidespeisen

BUCHWEIZENGRÜTZE (BOOKWEETENGRÜTT)
Ein Rezept aus Schleswig-Holstein

300 g Buchweizengrütze, 2 l Wasser, Salz, 30 g Butter, Zucker, Zimt

Die Grütze wird unter häufigem Rühren langsam in dem Salzwasser gegart. Man gibt sie heiß in den Teller, steckt ein Butterstückchen in die Mitte und streut Zimt und Zucker darüber.

Gerne gießt man zur warmen Grütze noch kalte Milch. Wird die Grütze dagegen kalt serviert, so steif, daß sie Klotzen-Grütt oder Insteken-Grütt genannt wird, dann übergießt man sie mit kochender Vollmilch oder Buttermilch.

HAFERGRÜTZE
Ein Rezept aus Wien

300 g Hafergrütze, 2 Eßlöffel Öl, Salz, 100 g Quark (Topfen), eventuell frische Kräuter (Petersilie, Schnittlauch, Majoran oder andere)

Hafergrütze in heißem Öl anrösten, mit $1/4$ l Wasser aufgießen, gut durchrühren, salzen. Dann etwa $1/2$ l Wasser zugießen und sanft köcheln lassen, nach Bedarf weiteres Wasser zusetzen. Den Quark glattrühren und unter die fertige, breiig gekochte Grütze mengen, gut durchmischen. Die Grütze eventuell mit frischen Kräutern bestreuen.

MAISGRIESS-STERZ (RIEBEL)
Ein Rezept aus Vorarlberg

400 g Maisgrieß, 3/4 l Milch, 1/2 l Wasser, Salz, 100 g Butter-
schmalz (das ist die Menge für Sparsame, besser wird der Riebel
mit der doppelten Menge Butterschmalz)
Milch, Wasser und Salz in einem Topf aufkochen. Den
Grieß unter ständigem Rühren einrieseln lassen. Vom Feuer
nehmen und stehenlassen, bis der Brei etwas überkühlt ist. In
einer Bratpfanne das Butterschmalz erhitzen und den festge-
wordenen Brei dazugeben. Fleißig rühren und zerstoßen –
dafür muß man mit ca. 60 Minuten rechnen! Der Riebel
muß zum Schluß schön knusprig-bröselig und goldgelb sein.
Wird der Riebel heiß gegessen, Salat dazu servieren. Oder
aber den heißen Riebel überzuckern und mit Apfelmus oder
Kompott auf den Tisch bringen. Kalter Riebel wird auch
zum Kaffee gereicht.
Dazu ein Spruch aus einem alten Vorarlberger Kochbuch:
„As stoht scho idor Biebel
am beschtö ischt Kaffee und Riebel!"
(„Es steht schon in der Bibel:
Am besten ist Kaffee und Riebel!")

KLOSTERSTERZ
Ein Rezept des Zisterziensermönchs Pater Karl

400 g griffiges Mehl, 3/4 l Wasser, Salz, etwa 50 g Schmalz oder
Butter
Mehl in einen Topf geben und unter ständigem Rühren sehr
heiß werden lassen. (Vorsicht, es soll nicht braun werden!)
Dann nach und nach gesalzenes Wasser dazugeben. Gut
durchrühren, damit die Masse schön glatt wird. Auf einer
heißen Platte etwa 10 Minuten ausdünsten lassen. Dann den
Sterz mit zwei Gabeln in Bröckchen zerreißen. Zum Schluß

zerlassenes Schmalz (Butter) darübergießen. Mit Salat servieren.

HAFERLAIBCHEN
Ein Rezept aus dem Sulzer Kochbuch

200 g Hafer, ³/4 l Wasser, 1 Suppenwürfel, 1 Teelöffel Rosmarin,
1 Teelöffel Basilikum, 100 g Camembert, 100 g Hüttenkäse,
2 Eier, 7 Eßlöffel Haferflocken, Kräutersalz, eventuell etwas
Mehl, etwas Öl

Hafer mit dem Wasser, den Kräutern und dem Suppenwürfel in einen Druckkochtopf geben und 25 Minuten kochen lassen. Dann die Körner abseihen. (Flüssigkeit nicht wegschütten, sondern für eine Suppe verwenden!)
Den Camembert in Stücke schneiden und zusammen mit dem Hüttenkäse, den Eiern und den Haferflocken unter die Haferkörner rühren. Alles gut durchmischen und mit Kräutersalz abschmecken. Öl in einer Pfanne erhitzen, mit einem Eßlöffel den Teig in das heiße Öl geben. Die Laibchen auf beiden Seiten braten. Mit Salat servieren.

DINKELLAIBCHEN
Ein Rezept aus dem Sulzer Kochbuch

200 g Dinkelschrot, ¹/4 l Wasser, 1 kleine Zwiebel, Öl zum
Anrösten, 1 Ei, Salz, 100 g Semmelbrösel (nach Bedarf auch
etwas mehr), 50 g geriebener Hartkäse, 2 Knoblauchzehen,
1 Lorbeerblatt, Koriander, Majoran, Thymian, 1 Eßlöffel Senf,
etwas Öl

Wasser, Lorbeerblatt und Koriander zum Kochen bringen. Dinkelschrot dazugeben, durchrühren und 10 Minuten quellen lassen. Zwiebel klein schneiden, eventuell anrösten oder aber roh weiterverwenden. Zwiebel, Ei, geriebenen Käse,

Brösel und Gewürze in die Dinkelschrotmasse rühren. Gut durchmischen. Wenn die Masse zu weich ist, mehr Brösel dazugeben. Öl in einer Pfanne erhitzen. Laibchen formen und herausbacken. Die Laibchen können aber auch auf ein gut eingefettetes Backblech gesetzt und im Backofen bei 200 Grad gebacken werden, bis sie knusprig sind. Mit Salat servieren.

PIKANTER HIRSEAUFLAUF

250 g Hirse, 1 Teelöffel Salz, 250 g Gemüse (Karotten, Erbsen – frisch oder tiefgekühlt), Margarine zum Einfetten, 50 g Butter, 100 g Hartkäse
Hirse gut waschen. 1 l Wasser zum Sieden bringen, Hirse dazugeben, salzen und ca. 30 Minuten kochen lassen. Das Gemüse putzen, in kleine Stücke schneiden und nur kurz überkochen, damit es nicht zu weich ist. Den Käse reiben. Gemüse und Butterflöckchen in die fertige Hirsemasse mischen. Eine Auflaufform einfetten, die Hirse-Gemüse-Masse einfüllen und mit dem geriebenen Käse bestreuen. Im Backofen bei mittlerer Hitze goldgelb backen.

SÜSSER HIRSEAUFLAUF

250 g Hirse, 1 Teelöffel Salz, Saft einer Zitrone, Öl oder Margarine zum Einfetten, 2 Eßlöffel Sahne (Obers), 2 Eßlöffel Mehl, Zucker oder Honig (etwa 100 g, je nach Geschmack), 50 g Butter, eventuell 2 Eßlöffel Rosinen, 1–2 Äpfel oder anderes Obst
Hirse gut waschen. Einen Topf mit 1 l Wasser zum Sieden bringen, Hirse einrühren, salzen und bei schwacher Hitze etwa 30 Minuten kochen lassen. Die fertige, weichgekochte Masse kurz überkühlen lassen. Sahne unterrühren, Zitronensaft und Rosinen dazugeben, eventuell geraspelte Äpfel.

Nach Geschmack etwas Zucker oder auch Honig einrühren. Wenn die Masse zu weich ist, 2 Eßlöffel Mehl dazugeben. Eine Auflaufform einfetten und mit der Masse füllen. Mit Butterflöckchen belegen und bei mittlerer Hitze goldgelb backen.

MAISGRIESSAUFLAUF MIT ÄPFELN

200 g Maisgrieß, ¹/₂ l Milch, 1 Prise Salz, 3 Eßlöffel Zucker, 2 Eier, 3 Eßlöffel Sahne (Obers), 400 g Äpfel (oder anderes Obst), 2 Eßlöffel Rosinen, etwas Margarine

Milch mit Salz zum Kochen bringen, Maisgrieß einrieseln lassen, gut durchrühren, bis ein dicklicher Brei entsteht. Die Masse vom Herd nehmen und auskühlen lassen. Äpfel schälen und in Scheiben schneiden (oder raspeln). In den überkühlten Brei Eier, Sahne und Zucker einrühren. Eine Pfanne einfetten und die Hälfte der Masse einfüllen. Dann Äpfel und Rosinen dazugeben und die restliche Masse darüberstreichen. Im vorgeheizten Ofen bei mittlerer Hitze etwa 20 Minuten backen. Vor dem Servieren mit Zucker bestreuen.

MILCHBREI
Ein Rezept aus dem Norden Österreichs

1 l Milch, 40 g Mehl, 40 g Grieß, 1 Prise Salz, 30 g Butter, Zucker nach Geschmack

Das Mehl in eine Tasse geben und mit einigen Löffeln kalter Milch verrühren, bis es glatt wird. Die restliche Milch zum Sieden bringen, die Mehl-Milch-Mischung einkochen, gut umrühren. Salz und Butter dazugeben und dann den Grieß einlaufen lassen. Dabei ständig umrühren, damit sich keine Bröckchen bilden. Den Milchbrei nach Geschmack zuckern.

MILCHREIS
Ein Rezept aus Vorarlberg

*1 l Milch, 1 Prise Salz, 140 g Reis, Zimt, Zucker nach
Geschmack. Zum Verfeinern: 80 g geriebene Schokolade*
Milch etwas salzen und zum Sieden bringen. Den Reis einrühren, Zucker dazugeben. Bei schwacher Hitze langsam
köcheln lassen, bis der Reis weich ist. Der Milchreis kann
auch ohne Zucker gekocht werden. Oft genügt es, den fertigen Milchreis mit Zucker und Zimt zu servieren. Zum Verfeinern kann auch noch etwas geriebene Schokolade darü-
bergestreut werden.

GRIESSNOCKEN

*60 g Semmelwürfel, 60 g Butter, 200 g Grieß, 1 Prise Salz,
1 Bund Petersilie, 1 Zwiebel, etwas Öl*
Die Butter heiß werden lassen und die Semmelwürfel darin
anrösten. In eine Rührschüssel geben, Grieß und Salz hinzufügen. 1/4 l Wasser zum Kochen bringen und über die Grießmasse gießen. Gut durchmischen und dann eine halbe Stunde stehenlassen. Mit einem Löffel Nockerln (kleine Klöße)
abstechen, in siedendes Salzwasser einlegen und ca. 8 Minuten mehr ziehen als kochen lassen. Zwiebel in Ringe schneiden, Petersilie fein hacken. Öl in einer Pfanne heiß werden
lassen, Zwiebel und Petersilie anrösten. Die fertigen Nocken
dazumischen. Mit Salat servieren.

GRIESSSCHMARREN

1/2 l Milch, 1 Prise Salz, 200 g Grieß, etwas Butter
Grieß in die gesalzene, siedende Milch unter ständigem
Rühren einrieseln lassen. Die Masse köcheln lassen, bis ein

dicker Brei entsteht. Vom Herd nehmen und kurz ausdünsten lassen. Eine Pfanne mit Butter gut einfetten. Die Grießmasse eingießen und im heißen Ofen gut durchbacken. Wenn eine Kruste entsteht, die Masse mit zwei Gabeln in kleine Stücke zerreißen und nochmals kurz weiterbacken lassen, bis sie goldbraun ist. Mit Salat servieren.
Dieser Grießschmarren kann auch als süße Speise zubereitet werden. Dann gibt man noch 3 Eßlöffel Rosinen in die Masse, überzuckert sie vor dem Servieren und reicht dazu Kompott.

BROTSCHMARREN

Der Brotschmarren wird stets aus altbackenem Brot zubereitet. Daher wird man in den seltensten Fällen genaue Mengenangaben finden. Es wurde eben gerade so viel Brot verwendet, als zur Verfügung stand. Hier also der Versuch eines „ordentlichen Rezeptes":

500 g Brot (hier eignen sich alle Brotsorten, helle, dunkle und jede Art von Vollkornbrot), 1 Prise Salz, 1/4 l Milch, 2 Eier, 1 Zwiebel, Butter zum Anrösten, 150 g geriebener Hartkäse
Das Brot blättrig schneiden. Milch, Eier und Salz in einer Schüssel kräftig verrühren und über die Brotschnitten gießen. Stehenlassen, damit das Brot die Flüssigkeit aufsaugen kann. Zwiebel schneiden. In einer Pfanne Butter heiß werden lassen, die Zwiebel und die Brotmasse darin goldgelb anrösten. Nun wird der Schmarren mit geriebenem Käse bestreut und serviert. Dazu paßt Salat.

GROSSER HANS

300 g altbackene Brötchen, 3/8 l Milch, 80 g Butter, 80 g Zucker, 2 Eier, je 100 g Mandeln, Nüsse, Rosinen, Fett und Semmelbrösel für die Form

Brötchen in Würfel schneiden und in der Milch aufweichen. Butter, Zucker und Eier schaumig rühren. Die restlichen Zutaten und die eingeweichten Brötchen dazugeben. Gut verrühren. Eine Puddingform ausfetten und mit Semmelbröseln ausstreuen. Teigmasse einfüllen. Im Wasserbad 10 Minuten stark, dann noch 80 Minuten leicht kochen lassen. Dabei darf aber kein Wasser in die Form dringen. Herausheben, 5 Minuten ruhen lassen. Stürzen und mit Sirupsoße oder mit Dörrobst servieren.

Diese Fastenspeise aus Schleswig-Holstein wird sehr gerne am Mittag des 24. Dezember gegessen.

DÖRROBST (BACKOBST)

750 g gemischtes Dörrobst, 400 g Zucker, abgeriebene Schale von 1 Zitrone, 1 Schnapsgläschen Rum, 2 Eßlöffel Stärkemehl

Dörrobst am Vortag in reichlich Wasser einweichen (12 bis 24 Stunden). Abgießen und mit frischem Wasser knapp bedecken. Zucker, Rum und Zitronenschale dazugeben und aufkochen. Kochen lassen, bis das Obst schön weich ist. In der Zwischenzeit Stärkemehl mit etwas Wasser anrühren, bis es keine Klümpchen mehr hat. In die Obstmasse einrühren und damit das Dörrobst andicken.

TANTE IDAS GROTEN KLÜMP
Ein Rezept aus Schleswig-Holstein

350 g altbackenes, fein geriebenes Weißbrot, 150 g Butter, 6 Eier, 4 Eigelb, geriebene Schale von 1 Zitrone, 60 g geriebene Mandeln, 20 g Zucker

Butter schaumig rühren. Nach und nach alle anderen Zutaten dazugeben. Gut durchmischen. Einen Kloß formen, in siedendes Salzwasser legen. 50–70 Minuten auf kleinster

Flamme garziehen lassen. Der Topf muß dabei zugedeckt bleiben. Nach 25 Minuten dreht man den Kloß um. Dazu gibt es Kirschsoße oder Obstkompott.

DAMPFNUDELN MIT VANILLESOSSE
Ein Rezept aus Westösterreich

300 g Mehl, 1 Päckchen Trockenhefe, 60 g Zucker, 60 g Butter, 2 Eidotter, 1 Prise Salz, 1 Eßlöffel Rum, gut $^1/_8$ l lauwarme Milch, etwas Margarine, etwa 60 g zerlassene Butter zum Bestreichen der Dampfnudeln
Für die Soße: $^1/_2$ l Milch, 2 Eidotter, 100 g Zucker, 2 Päckchen Vanillezucker, 20 g Maisstärke

Mehl mit Trockenhefe in eine Rührschüssel geben. Zucker, Eidotter, Salz, Rum, Milch und die zerlassene (aber nicht heiße) Butter dazugeben und gut durcharbeiten – mit der Küchenmaschine: Knethaken verwenden. Die Schüssel mit einem Deckel oder einem Tuch zudecken und an einen warmen Ort stellen. Warten, bis der Teig aufgeht. In der Zwischenzeit eine Auflaufform gut einfetten. Den Teig noch einmal gut durcharbeiten, bis er glatt ist und Blasen wirft. Ohne den Teig weiter ruhen zu lassen, kleine Nockerln formen. Butter zergehen lassen, die Nockerln darin wälzen und so eng wie möglich nebeneinander in die Form setzen. Noch einmal an einem warmen Ort aufgehen lassen. Im vorgeheizten Ofen bei mittlerer Hitze backen. Die fertigen Dampfnudeln aus der Form stürzen, kurz überkühlen lassen und dann auseinander nehmen.

Vanillesoße: Die Milch mit den Eidottern, Zucker, Vanillezucker und Maisstärke gut verquirlen und unter ständigem Umrühren kurz aufkochen lassen, bis sie dicklich ist. Die Dampfnudeln in der Vanillesoße servieren.

Betrachtungen

über Hirten und Schafe

Fasten ist ein geistiger Vorgang, eine Besinnung auf sich selbst und auf die Beziehung zu Gott und zu den Menschen. Fasten ist daher eine Bewegung, ein „Sichbewegen" zu sich selbst, dann zum Ursprung des Lebens und zu den Mitmenschen. Aus dieser Bewegung heraus ist es verständlich, daß Fasten nicht nur einen subjektiven Bezug zur eigenen Person hat, sondern auch eine höchst soziale Funktion. Diese Funktion hat aber so viele Seiten, daß es längerer und weiterer Überlegungen bedarf, um sie zu erklären.

In diesem Zusammenhang soll auch in den Schriften des Neuen Testaments nachgelesen werden. In jenen des Alten Testaments ist ja beim Propheten Jesaja klar sichtbar, daß Fasten ohne seine soziale Seite undenkbar ist. Ganz deutlich erklärt Jesaja, daß es beim Fasten nicht so wichtig ist, den Kopf hängen zu lassen oder für andere erkennbar in Sack und Asche Buße zu tun, sondern daß man sich vielmehr der sozial Minderbemittelten oder der Unterdrückten annehmen soll. Die Hilfe für diese Menschen ist dann das wahre und gottgefällige Fasten. In eine ähnliche, wenn nicht in dieselbe Kerbe schlägt Jesus von Nazareth, wenn er seine Aufgabe im Leben auch darin sieht, sich jener Menschen besonders anzunehmen, die wie Schafe sind, die keinen Hirten haben. Er ist dann der gute Hirte, der seine Schafe kennt und dafür sorgt, daß sie nicht dem nächsten Raubtier zum Opfer fallen. Hinzu kommt, daß die Schafe dem Hirten furchtlos begegnen können, weil sie ihm vertrauen und nicht Angst haben müssen, von seinem wilden Schäferhund gebissen zu werden. Er kennt sie, weil er sich bemüht hat, ein Hirte zu werden, der Vertrauen verdient. Er ist ein „schaffreundlicher" Hirte geworden. Es ist nicht schwer, dann dieses Bild des Hirten auf die Forderung an uns Christen zu übertragen, ein menschenfreundliches Leben zu führen.

Das Matthäusevangelium gibt sogar Regeln für dieses Leben an. Und es ist interessant zu lesen, wie man durch Fasten zu einem angenehmeren Menschsein kommt. Es heißt da im 6. Kapitel:

„Wenn ihr fastet, macht kein finsteres Gesicht wie die Heuchler. Sie geben sich ein trübseliges Aussehen, damit die Leute merken, daß sie fasten. Aber, das sage ich euch: Sie haben ihren Lohn bereits erhalten. Du aber salbe dein Haar, wenn du fastest, und wasche dein Gesicht, damit die Leute nicht merken, daß du fastest, sondern nur dein Vater, der auch das Verborgene sieht; und dein Vater, der das Verborgene sieht, wird es dir vergelten."

Klösterlicher Suppenluxus

Oder: Fasten im Barock

„Friß Milch, friß Käs, friß von der Kuh
Was deinem Maul mag schmecken,
Schieb ein, schopp drauf, schnapp immerzu,
Schlick Semmel, Kipfel und Wecken,
Brauch Löffel wie ein Wasser-Schaff.
Auf daß du füllst dein Wampen;
Friß, daß nit mehr kannst sagen Pfaff
Vor Schmacken, Schlicken, Schlampen.
Friß du dem hungrigen Wolf zu Trutz
Den Braten ohne Zwiefel,
Friß Butter, Schmalz und Speck darzu,
Machs wie die Klosterkatzen,
Die fressen Brätl spat und fruh
Anstatt der Mäus und Ratzen."

Der schwäbische Hofprediger zu Wien, Ulrich Megerle, unter seinem geistlichen Namen Abraham a Sancta Clara berühmt geworden und bis heute unvergessen, schlug im Barock sowohl dem Hof und Adel als auch dem Bürgertum von der Domkanzel das pralle Leben um die Ohren. Der hagere Mönchspriester vom Orden der Bloßfüßigen Augustiner (Augustiner Eremiten), einem Bettelorden, kannte seine Zeit und die Welt des barocken Lebens, denn was er von der Kanzel donnerte ist bis heute nicht nur schönste Barockliteratur, sondern auch eine vorfreudianisch anmutende Analyse übersteigerter Sinnes- und Freßlust der Reichen seiner Zeit, an der Wende vom 17. zum 18. Jahrhundert. Im obigen Textzitat ist auch – nicht einmal versteckt – ein harter Seitenhieb auf die längst nicht mehr asketische Eßlust in den mächtigen und stolzen Klöstern, wo doch selbst, wie er symbolisch andeutet, die Klosterkatzen ihre zugestandene natürliche Diät durch ganztägiges Bratenschlemmen ersetzt haben.

Klosterküche, dieses Wort ist bis heute umrankt von Vorstellungen über kulinarische Genüsse. Tatsächlich ist – zu Recht oder erfunden – das Prädikat Kloster in der modernen Nahrungsmittelwerbung ein Adelstitel. Wem fielen nicht sofort die besten Biere, edelsten Weinsorten, erlesene Käse, vornehme Spirituosen oder sogar der Spitzenchampagner ein. Schon vom Frühmittelalter an hatte sich in den Klöstern, die doch von den Eremitenvätern als asketische Burgen des Christentums erfunden wurden, die hohe Tafelkultur entwickelt. Auch gepflegte Tischsitten, die der Adel und später das Bürgertum übernahmen, waren ursprünglich klösterliche Innovationen. Das Decken des Tisches mit Tafeltüchern, der Tischschmuck mit Blumen, die Entwicklung der Tischmanieren, vom Verwenden des Eßbestecks bis zum gesitteten und bedächtigen, auch schweigsamen Essen an Stelle der altgermanischen Schling-, Sauf- und Grölgewohnheiten des frühen Rittertums, das alles kam aus den Klöstern.

Der heilige Benedikt von Nursia, der um 529 das Kloster von Monte Casino gründete, hatte für das Klosterleben und damit auch für das Essen und Fasten richtungweisende Regeln, die Benediktinerregeln, aufgestellt. Die Eß- und Trinkvorschriften sind dabei, obwohl Benedikt noch die alte, strenge Askese der Mönchsväter kannte und auch ausprobiert hatte, schon recht liberal. Er ließ für die tägliche Hauptmahlzeit bereits zwei gekochte Speisen zu, von denen „entsprechend den veschiedenen Bedürfnissen" genossen werden durfte. Obst und frisches Gemüse schlug er, wenn vorhanden, sogar als drittes Gericht vor. Die tägliche Brot- und Weinration war ebenfalls geregelt, wenn auch verbunden mit der – sehr modern klingenden – Warnung: „Nehmt euch in acht, daß nicht die Unmäßigkeit euer Herz belastet!" Radikal war Benedikt beim Fleischgenuß. Er verbot, jegliches Fleisch von vierfüßigen Tieren zu essen, von dieser

Regel waren nur Schwache und Kranke ausgenommen. In der Weiterentwicklung der Benediktinerregeln hat sich das Fleischverbot, ausgenommen an den Fasttagen, nicht aufrechterhalten lassen. Außer bei den Karthäusern, die sich als Reformorden wieder zu hauptsächlich vegetarischer Kost und damit strengerer Askese entschieden, war in weiterer Interpretation der Regeln des heiligen Benedikt die Bahn zum kulinarisch-üppigen Klosterleben überall frei. Und entsprechend der wirtschaftlichen Entwicklung der Ordenshäuser verbreitete sich das Klischee der korpulenten – um nicht zu sagen: feisten – Klosterbrüder.

Nebenbei gesagt, entwickelten sogar die Karthäuser, die aufgrund ihrer vegetarischen Lebensweise zu Spezialisten des Gartenbaus und der Kräuterkunde wurden, einen weltweit berühmten Gourmet-Standard: nämlich den aus der feinsten Küche und allen gepflegten Bars der Erde nicht wegzudenkenden Kräuterlikör, der ursprünglich als Heilmittel eingesetzt worden war, den Chartreuse.

Die volle Entfaltung der Klosterküchen und -keller ist selbstverständlich im Zusammenhang mit der wirtschaftlichen Entwicklung und der zivilisatorischen Aufgabe der Ordensbrüder und -schwestern zu sehen. Die Klöster waren nicht nur geistliche und Bildungszentren, die Bibliotheken anlegten und Schulen führten, sie waren auch die wichtigste kulturelle Antriebskraft des mittelalterlichen Europas. Sie brachten Ackerbau und Viehzucht zur Blüte, legten Weingärten an, waren für ihre Zeit vorbildlich in Vorratshaltung und Wirtschaftskunde, waren Stätten der Heilkunst und der Pharmazie, deren Arzneien meist aus den eigenen Kräutergärten stammten. Mit einem Wort, sie waren hart arbeitende, höchst produktive Großbetriebe und landwirtschaftliche Hochschulen gleichzeitig. Schwer arbeitende Menschen, ob im geistlichen Gewande oder im Kittel eines Bauern, Handwerkers, Knechts, brauchen kräftige Kost. Vergessen wir nicht, daß die Klöster auch seit alters die Armenversorgung übernommen hatten. Im christlichen Sinne mußte auch daher die Klosterkost eher aus deftigen Eintöpfen denn aus kärglichen Süppchen bestehen, was man auch heute noch, wenn man sich um eine Klostersuppe anstellt, ausprobieren kann. Sogar an den gebotenen Fastentagen. Und deshalb finden sich in Klosterkochbüchern – das Kochbuch ist letztendlich ebenso eine klösterliche Erfindung – Fastenspeisen, deren Deftigkeit jeden kalorienbewußten Menschen erschauern läßt. Ein Beispiel aus dem „Dreihundertjährigen deutschen Klosterkochbuch", das in den Überresten des ehemaligen Dominikanerklosters zu Leipzig in Manuskriptform gefunden wurde, möge dies – modern und verständlich interpretiert – illustrieren.

EIN MUS VON MANDELN IN DER FASTEN
(Wir würden es heute als einen Fasten-Mandel-Auflauf bezeichnen.)
Mandeln – es wird nicht ausdrücklich vermerkt, aber es muß angenommen werden, daß es sich um blanchierte und geschälte Mandeln handelt – werden fein gerieben und mit „gutem Wein oder Malvasier", also schwerem, süßem Qualitätswein, gemischt und kurz aufgekocht, so daß ein dicklicher Brei entsteht, der, wenn nicht süß genug, noch mit Zucker versetzt wird. Dann werden Weißbrotschnitten am Feuer gebäht – nach heutiger Machart getoastet –, eine große Pfanne oder eine entsprechende Auflaufform (keramisch oder emailliert) wird dick mit Butter ausgestrichen. Die Weißbrotschnitten werden nun zuerst in die Mandelmasse getunkt und gut angefeuchtet. Der Boden der Form wird damit lückenlos belegt. Nun wird eine Schicht Mandelbrei alles bedeckend darübergestrichen, mit Rosinen und Zucker bestreut und wieder mit befeuchteten Weißbrotschnitten abgedeckt. Das Klosterrezept empfiehlt, dies so lang schichtenweise fortzusetzen, bis die Auflaufform gefüllt ist. Kochkundigen ist klar, daß die oberste Schicht eine Weißbrotlage sein

müßte. Nach heutiger Kochtechnik, die vor dreihundert Jahren noch nicht möglich war, kommt die Auflaufform nun nicht „über ein kleines Feuer", sondern in einen vorgeheizten, mittelheißen Backofen. Und der Auflauf wird so lange gebacken, bis eine Nadel nach dem Einstich rein ist und die Oberfläche goldbraun. „Alsdann schütte es fein aus, daß es ganz bleibt, bestreue es mit Zimmet und giebs hin."

Das Rezept gibt – wie alle anderen Rezepte des Klosterkochbuches – im Original keine Mengen an, aber wenn man eine heute übliche Auflaufform füllen will, wird man wohl mit einer 500-g-Packung Toastbrot, 400–500 g Mandeln und etwa einem halben Liter Wein auskommen. Rosinen und Zucker sind nach Geschmack zu berechnen. Alles in allem ergibt das eine Hauptmahlzeit in Form einer Kalorienbombe für vier bis sechs Personen, die nur durch stundenlange Kraftkammerübungen wieder abgearbeitet werden kann. Doch mit dem Kalorienabbau hatten die altvorderen, körperlich schwer arbeitenden Fastenesser ja keine Probleme.'

Bei Betrachtung dieses alten Rezepts dürfen wir seine Aufwendigkeit nicht übersehen. Zucker und Zimt waren noch vor zweihundert Jahren Kostbarkeiten, die in der Küche der Normalverbraucher nur äußerst sparsam und selten verwendet wurden. Auch feines Weißbrot, wie es das Rezept erfordert, war nicht Alltagskost. Mandeln waren Importware aus südlichen Ländern, und schweren Tafelwein konnten sich ebenfalls nur Begüterte leisten. Doch für die Reichen war das Barock eben eine Zeit der Fülle. Und der Domprediger Abraham a Sancta Clara ließ das in seinem Traktat über „Fressen und Saufen" höchst wortgewaltig von der Kanzel dröhnen:

„Wie oft wird dir die heilige Weihnacht zu einer Wein-Nacht,
Wie oft heißt bei dir Ostern ‚O-Stern-voll'!
Wie oft ist es bei dir wahr, was man zu Pfingsten die Apostel

falsch bezichtigt hat:
Diese Leute sind voll!
Wie oft tust du zu unseres Herrn Himmelfahrt in allen
Wirtshäusern herum fahren.
Fast immer am heiligen Fronleichnamstag
bist du vormittags bei der Prozession mit unserem Herrn,
nachmittags aber hast du einen Prozeß mit dem Wirt.
In summa ist es leider schon so weit gekommen,
daß bei den Christen die meisten Fasttage in Freßtage
verkehrt werden."

Die Fastensuppen der Klöster – sie gehören, obwohl ihr Name
auf Bescheidenheit hinweist, in Wirklichkeit zu den prallsten
Rezepten –, die Fastenmenüs in den Wirtshäusern des Bür-
gertums und an den Tafeln der Adeligen waren keine Speisen
der Demut. Sie hielten sich strikt ans Fleischverbot, ließen
aber sonst an nichts, was gut und teuer war, mangeln. Der
„klösterliche Suppenluxus" war schon im Mittelalter der Kirche ein Ärgernis geworden. 1304 wurde am Konzil beschlos-
sen, an Wochentagen dürfe pro Pater nur eine einzige Suppe
verabreicht werden. Übrigens waren es auch die Klöster, die
die ursprünglich orientalische Kostbarkeit des Marzipans als
Fastenspeise kultivierten und weiterentwickelten, denn Thomas von Aquin hatte im 13. Jahrhundert ja geschrieben, daß
diese „verzuckerten Gewürze" das Fasten nicht brechen würden. Was beim heiligen Thomas nicht verwundert, schließlich
wog er selbst so an die 300 Pfund.
Die bescheidenste Fastenküche des Christentums finden wir
in der bäuerlichen Kultur. Bescheiden im Sinne der Schlichtheit und des Fehlens von Gewürzen, Spezereien und anderen Raffinessen. Daß sie trotzdem von ausgesuchtester
Nahrhaftigkeit war – man denke an die reiche Sterz-, Knö-
del-, Nudel- und Spätzlekultur –, ist noch am besten durch
die körperliche Schwerarbeit erklärbar. Fleisch war im bäuerlichen Leben ohnehin eine ganz seltene Festspeise. Und

das Ausweichen auf die im klösterlichen, bürgerlichen und adeligen Leben so zahlreichen Fisch-, Schnecken-, Frösche- und Muschelspeisen stand schon deshalb nicht zu Gebote, weil sie eben nicht kalorienreich genug gewesen wären. Für den Stand, den man später das Proletariat nannte, also für die Manufakturarbeiter, die Dienstboten und alle anderen am unteren Ende der sozialen Skala arbeitenden und lebenden Menschen, war sicherlich die Frage der Fastenspeisenauswahl bis weit in unser Jahrhundert hinein kein Thema, zumal es galt, das tägliche Essen überhaupt zu sichern. Wie die bürgerliche Welt das Küchenproblem der Fasttage standesgemäß bewältigte, zeigen die Menüvorschläge des Kochbuchs der Elisabeth Stöckl, das in seiner 5. Auflage 1923 als Küchenzettel für Fasttage vorschlägt:

DINER I
Fischcoulissuppe
Forellen in Aspik
Gebratener Schill
    mit Kapernsauce und
    Butterteigkrapferln
Schokoladekoch
Sabayone

SOUPER I
Fischmayonnaise
Gebackener Karpfen
    mit französischem Salat
Spanische Apfeltorte
Obst – Käse

DINER II
Spargelsuppe
Krebse
Saiblinge in Essig und Öl
Gebratener Hecht
    mit Sardellensauce und
    Kartoffeln
Mandelpudding mit Chaudeau
Türkische Creme

SOUPER II
Lachs in Aspik
Gebratener Hecht
    mit Senfsauce
Tirolerstrudel
Obst – Käse

Knödel

„Reibe 2 Semmeln ab, schneide die Hälfte gewürfelt, röste sie in Schmalz, die andere Hälfte weiche in der Milch, drükke sie aber gut aus, hacke sie klein, treibe ein gutes Stück Schmalz ab, schlage nach und nach 4 Eier hinein, etwas Salz und grüne Petersilie, ein wenig Milch, leg sie ein und gib sodann oben geröstete Semmelbröseln."

Heute liest sich das Rezept so:

2 altbackene Semmeln, ¹/₈ l Milch, 80 g Butter, etwas Margarine, 4 Eier, Salz, Petersilie, 1 Eßlöffel Crème fraîche, einige Eßlöffel Milch, 80 g Semmelbrösel

Eine der Semmeln in der Milch einweichen, die andere in Würfel schneiden. Petersilie hacken, Semmelwürfel in Margarine anrösten. Die eingeweichte Semmel gut ausdrücken, klein hacken. In einer Schüssel Butter schaumig rühren, die Eier, Salz und einen Löffel Crème fraîche darunterrühren. Die ausgedrückten Semmelteile und die Semmelwürfel dazugeben, Petersilie daruntermischen. Wenn die Masse zu trocken ist, einige Eßlöffel Milch hinzufügen. Salzwasser zum Sieden bringen. Knödel formen und einkochen, etwa 20 Minuten sieden lassen. In der Zwischenzeit Semmelbrösel in Margarine anrösten. Die fertigen Knödel mit den Semmelbröseln bestreuen.

Fischknödel oder Fastenknödel

500 g ausgelöstes Fischfleisch (im Original: Karpfen oder Hecht – am leichtesten zu verarbeiten ist aber sicherlich Tiefkühlfisch, er muß nicht mehr ausgelöst werden und ist sofort zu verwenden),

etwas Öl, 60 g Butter, 2 Eier, 2 Semmeln, $^1/_8$ l Milch, 1 Zwiebel,
Petersilie, Muskat, Majoran, Salz, ca. 100 g Brösel
Zwiebel fein schneiden und in etwas Öl anrösten, Petersilie
fein hacken und ebenfalls daruntermischen, kurz mitrösten.
Fisch entgräten (Tiefkühlfisch ganz auftauen lassen, nach
Gräten absuchen) und passieren. Semmeln in Milch einwei-
chen, ausdrücken und passieren. (Passiert man zuerst den
Fisch und dann die Semmeln, so entfernt die Semmelmasse
bereits größtenteils Fischreste und -geruch vom Passiersieb.)
In einer großen Schüssel Butter und Eier schaumig rühren,
Fisch und Semmeln dazugeben, Zwiebel, Petersilie und die
Gewürze daruntermischen und gut durchmengen. Einige
Eßlöffel Brösel daruntergeben und die Masse 20 Minuten
stehenlassen. Danach eventuell, wenn nötig, noch etwas Brösel hinzufügen. Salzwasser zum Sieden bringen, Knödel ein-
legen und 20 Minuten sanft köcheln lassen.

FASTENKNÖDEL
Ein Rezept aus dem Lustenauer Kochbuch

350 g Knödelbrot (trockenes, altbackenes Brot), etwas Butter,
100 g Mehl, 4 Eier, $^3/_8$ l Milch, 1 Zwiebel, Petersilie,
Selleriekraut, Salz, Pfeffer, Muskat, Majoran, 1 Messerspitze
gemahlener Kümmel
Feingeschnittene Zwiebel in Butter anrösten. Wenn die Zwiebel hellgelb ist, das in Würfel geschnittene Brot dazugeben
und mitrösten. Brotwürfel und geröstete Zwiebel in eine große
Schüssel geben. Mehl unterrühren. Die gehackten Kräuter
und die Gewürze dazugeben, gut durchmischen. In einer
Schale Eier und Milch gut durchmischen und über die Knö-
delmasse gießen. Zuerst mit einem Löffel, dann mit der Hand
gut durcharbeiten. Die Masse zugedeckt zwei Stunden ruhen
lassen. Salzwasser zum Kochen bringen, nicht zu kleine Knödel formen und etwa 20 Minuten sieden lassen.

GERÖSTETE KNÖDEL (MIT EI)

Pro Person ein gekochter, erkalteter Knödel (Semmelknödel, Kartoffelknödel, auch die Fastenknödel – ohne Fisch – eignen sich dazu), etwas Öl oder Margarine, Petersilie, eventuell pro Person 1 Ei, Salz, Pfeffer

Knödel in dünne Blätter schneiden, in heißem Öl auf beiden Seiten anrösten, mit gehackter Petersilie bestreuen. Feinere Variante: Knödel in Blätter schneiden, anbraten. Ei verquirlen, salzen, pfeffern und über die gut angebratenen Knödelscheiben gießen. Alles schön goldfarben anbacken. Mit Salat servieren.

KÄSEKNÖDEL

4 alte Brotscheiben oder Semmeln, etwas Butter, $1/8$ l Milch, 2 Eier, 1 Zwiebel, Salz, Petersilie, 60 g geriebener Hartkäse, 2 Eßlöffel Mehl; 80 g Brösel, etwas Butter, 60 g geriebener Käse zum Bestreuen

Brot (oder Semmeln) in Würfel schneiden, Zwiebel und Petersilie fein hacken. Butter erhitzen, Brotwürfel darin anrösten. Eier und Milch gut abrühren, über das geröstete Brot gießen und 10 Minuten stehenlassen. Zwiebel in Butter glasig werden lassen, Petersilie kurz mitrösten, mit geriebenem Käse, Gewürzen und Mehl unter die Brotmasse mischen. In siedendes Salzwasser Knödel einkochen, 15 Minuten ganz leicht köcheln lassen. Bröseln in Butter anrösten, über die fertigen Knödel streuen. Vor dem Servieren geriebenen Käse darübergeben. Dazu paßt Salat.

QUARK-(TOPFEN-)KNÖDEL

60 g Butter, 350 g Quark (Topfen), 1–2 Eier, Salz,
1–2 Brotscheiben, einige Eßlöffel Milch, 100 g Grieß, Petersilie,
60 g Brösel, etwas Butter zum Anrösten

Brote in Würfel schneiden und mit Milch befeuchten. Petersilie fein hacken. In einer Schüssel Butter weich rühren, Ei unterrühren, den Quark dazugeben (ist der Quark bröckelig, muß er vorher passiert werden). Brotwürfel in die Masse rühren, Petersilie, Salz und Grieß daruntermengen. Gut durchmischen, anschließend ein halbe Stunde stehenlassen. Knödel formen und in siedendem Salzwasser etwa 20 Minuten ganz leicht kochen lassen. Brösel in Butter anrösten und über die fertigen Knödel streuen. Dazu paßt Salat, aber auch Gemüse.

SÜSSE QUARK-(TOPFEN-)KNÖDEL

80 g Butter, 350 g Quark (Topfen), 1 Ei, eine Prise Salz, 120 g
Mehl, 80 g Brösel, etwas Butter, Zucker

Butter schaumig rühren, Quark, Ei, Salz und Mehl daruntermischen. Einen mittelfesten Teig bereiten. Etwa $1/2$ Stunde ruhen lassen. Kleine Knödel formen, in siedendes Salzwasser einlegen, 20 Minuten ganz leicht kochen lassen. Brösel in Butter anrösten, Knödel mit den Bröseln und mit Zucker bestreuen.

Dieser Teig kann auch mit Obst (Aprikosen, Erdbeeren, Pflaumen oder Pfirsichen) gefüllt werden, wobei beim Steinobst die Kerne entfernt und durch ein Stückchen Würfelzucker ersetzt werden.

Betrachtungen

über Klang-Wolken und Schall-Mauern

Fasten ist in seinem geistigen Aspekt eng mit dem Begriff „Wüste" verbunden. Und die Wüste ist wieder mit der Einsamkeit verbunden, und zwar religiös gesehen mit einer freiwilligen Einsamkeit. Nun ist aber die Einsamkeit nicht gerade eine beliebte Vorstellung. Und doch scheint mir, daß eine ganz bestimmte Einsamkeit erst die Möglichkeit schafft, zu sich selbst zu kommen. Aber es ist klar ersichtlich, wie schwer es ist, mit sich selbst in der Stille gut auszukommen. Nicht umsonst umgeben sich immer mehr, vor allem auch junge Menschen mit einer kreisrunden Schall-Mauer. Von frühmorgens bis spätabends, ja selbst in den Schlaf hinein, bewegt sich der Mensch von heute in einer Klang- oder Lärmwolke oder in einem Gemisch von beiden. Der Walkman verhilft uns zur Flucht, zur Flucht aus der Welt der Stille in die Welt es immerwährenden Sounds.

Wehe, käme man zu sich selbst, der Griff zur Flasche oder zur Spritze würde notwendig, als die nächste Etappe der Flucht vor sich selbst, der Flucht vor dem, was in der Stille aus uns heraustönt: all die Vorwürfe, all die Erinnerungen an unsere Schwächen und an unser Versagen, an die eingebildete Größe und Stärke.

Wir säßen dann vor den Abgründen in uns so hilflos wie ein Kind vor einem Löwen, nur mit dem Unterschied, daß das Kind sich nicht fürchtet, verschlungen zu werden. Uns befällt Angst, heillose Angst, und um uns vor dieser Angst zu retten, betäuben wir uns selbst, belügen wir uns, stellen wir uns vor eine Lärmkulisse, aus der es andauernd auf uns einredet, damit ja nichts aus uns herausreden kann. Aber es muß heraus, selbst wenn wir der Überzeugung sind, nicht aushalten zu können, was da zutage kommt. Es wird uns sonst auf der Couch herausgelockt werden müssen, damit wir unser Menschsein wiederfinden können. Das Sein, das zu uns gehört, das wir selbst sind mit allen Höhen und Tiefen, in den Wogen zwischen Himmel und Hölle, zwischen Egoismus und Menschenliebe.

Fasten ist daher eine Hilfe, sich zu stellen und womöglich an das zu glauben, was ein Kenner der menschlichen Seele gesagt hat: „Der Weg zu Gott heißt in seiner steilsten Strecke Einsamkeit." Christliches Fasten heißt somit, den Weg zu Gott gehen zu wollen, auch über den steilsten Hang.

Wie Juden fasten

Ein Gespräch mit Paul Chaim Eisenberg,
dem Oberrabbiner von Wien

„Und ist denn nicht das Christentum aufs Judentum gebaut?
Es hat mich oft geärgert, Tränen genug gekostet,
wie mancher gar vergessen konnte, daß unser Herr ja selbst
ein Jude war."

Was Gotthold Ephraim Lessing, der große Dichter der Aufklärung, in dem Drama „Nathan der Weise" den einfachen Klosterbruder sagen läßt, führt zum Gedanken, die Fastenregeln und Bräuche des Christentums mit jenen der heutigen jüdischen Glaubensgemeinde zu vergleichen. Einfacher, als aus der Bibel und der Literatur vergleichende Studien herauszuziehen, ist es allemal, sich an den kompetenten Rabbiner zu wenden. Das folgende Interview mit dem Wiener Oberrabbiner Paul Chaim Eisenberg zeigt kulturhistorische Unterschiede, hauptsächlich aber religiöse Deckungsgleichheit auf.

Wie ist das Fasten sowohl historisch als auch heute gebräuchlich im Judentum verankert?
Von der Bibel her ist unser höchster Feiertag, der Jom Kippur (der Versöhnungstag), ein Fasttag. Interessant ist, daß in der Bibel gar nicht steht: Ihr sollt fasten. Sondern es steht: Ihr sollt euch kasteien. Und der Talmud erklärt hiezu, daß kasteien in erster Linie fasten bedeutet. Auch andere Dinge, aber fasten in erster Linie. Dann gibt es Fasttage, die im Zusammenhang mit historischen Ereignissen stehen, mit traurigen Ereignissen. Mit der Zerstörung des Tempels in Jerusalem und den im Umkreis der Zerstörung liegenden Geschehnissen. Der mit der Zerstörung des ersten und auch des zweiten Tempels verbundene 9. Aw ist auch ein Fasttag.

Bei uns bedeutet fasten tatsächlich nichts essen und nichts trinken. Dafür ist es immer auf einen Tag beschränkt. Und zwar gibt es zwei Längen von Fasttagen. Der eine ist 25 Stunden, das ist vor Einbruch der Dunkelheit am Vorabend des Fasttages bis zur vollen Finsternis am Fasttag. Das betrifft nur zwei Fasttage: den Jom Kippur und den Tag, an dem der Tempel zerstört wurde. Die anderen Fasttage beginnen erst im Morgengrauen des Fasttages und dauern bis zur Finsternis. Fasten hat immer mit Buße zu tun, mit Einkehr und Rückkehr. Fasten soll kein äußeres Zeichen sein. Der Prophet Jesaja sagt: Fasten und die Kleider zerreißen sind Äußerlichkeiten, die nichts wert sind, wenn sie nicht verbunden sind mit innerer Einstellung und Bereitschaft zur Umkehr.

Und wer ist vom Fasten befreit?

Fasten sollen nur Erwachsene, Burschen ab dreizehn Jahren, Mädchen ab zwölf. Kinder werden allmählich an das Fasten herangeführt, so daß sie einige Stunden fasten. Damit es dann, wenn sie dreizehn oder zwölf sind, nicht ganz plötzlich auf sie zukommt. Kranke sind vom Fasten ausgenommen. In Detailfragen entscheidet der Rabbiner, ob einer, der vielleicht nur am Fuß verletzt ist, ebenfalls vom Fasten befreit werden muß. Schwangere und stillende Frauen sind vom Fasten ausgenommen. Die Menschen sollen nach den Gesetzen leben, aber nicht durch die Gesetze sterben oder in Gefahr geraten.

Da das Judentum grundsätzlich klare Speisegebote besitzt und das Fasten ohnehin eine vollkommene Nahrungsenthaltung ist, gibt es daher offensichtlich auch keine eigenen Fastenspeisen?

Doch, es gibt noch eine zweite Art von Fasten. Drei Wochen vor dem 9. Aw gibt es einen eigenen Fasttag, der steht für die Einnahme der Mauern der Stadt Jerusalem. Die Zeit dieser drei Wochen gilt bei uns als Trauerzeit, und es ist üblich, die letzten neun Tage vor der Zerstörung des Tempels kein Fleisch zu essen und keinen Wein zu trinken. Fleisch und

Wein gelten im Judentum als Festspeisen, und daher enthalten sich gläubige Juden in diesen neun Tagen davon.

Wie strikt werden die Fastenregeln im Judentum heute noch eingehalten?

Es gibt bei uns wie in anderen Religionen Menschen, die die religiösen Regeln nicht beachten, sie werden natürlich auch diese Gebräuche nicht einhalten. Aber die orthodoxen Juden halten sich strikt an das Wein- und Fleischverbot und an die strengen Fasttage. Die positive Ausnahme ist Jom Kippur, der Versöhnungstag. Da ist es wirklich üblich, daß auch Juden, die das ganze Jahr hindurch gar nicht observant sind, diesen Fasttag sehr streng einhalten. Ich darf hinzufügen, daß dieser Fasttag noch andere Regeln hat. Man soll an diesem Tag keine großen Bäder nehmen, man soll keinen Geschlechtsverkehr haben und keine Lederschuhe tragen, denn das war früher auch ein Symbol des Luxus. Das betrifft aber nur Jom Kippur und den 9. Aw. Das Interessante ist, daß man am Jom Kippur am leichtesten fastet, denn an diesem Tag wird sehr viel gebetet, und dadurch ist man immer beschäftigt. Fasten ist eben leichter, wenn man viel zu tun hat.

Fasten, so sagt der Religions-Duden, ist auch eine Vorbereitung zur Aufnahme des Heiligen, das gilt für alle Religionen ...

Am Jom Kippur soll sich der Mensch voll seiner Seele widmen. Wenn man also die körperlichen Dinge negiert, ist das in dem Sinn eine Bereitschaft zur Aufnahme des Heiligen. Es ist für uns kein Ideal, möglichst häufig zu fasten. Das Physische gilt im Judentum nicht als böse, das man wie den Teufel zurückdrängen muß. Nur gibt es eben Trauerzeiten – die Zerstörung des Tempels ist ein Tauerfasttag – und Freudezeiten, und man soll beide voll auskosten. Wenn jemand nicht ordentlich trauern kann, kann er auch nicht ordentlich feiern, so sehen wir das. Beides ist Ausdruck eines Lebensgefühls, der Sensibilität, daß einem die Sachen nahegehen, daß die Freudentage wirklich Freude bereiten und die Trauertage wirklich Schmerz. Die andere Seite der Medaille beim Fasten ist eben die Freude.

Im christlichen Mönchstum ist Fasten auch eine Zeit der Stille, es wird sogar auf das persönliche Gespräch verzichtet.

Das Fasten des Redens ist auch bei uns bekannt. Und es soll gesünder sein als das Fasten des Essens und mehr bewirken. Allerdings halten nur besondere Menschen solche Tage der Stille. Das ist auch vorstellbar in einer Zeit, in der wir dauernd von Reizen überflutet werden. Das Kind kann nicht einmal Hausarbeiten schreiben, wenn nicht das Radio daneben spielt. Zu den Trauerbräuchen der drei Wochen und der Fasttage gehört es auch, keine Musik zu hören. Musik hat im Judentum einen sehr hohen Stellenwert und symbolisiert Freude. Natürlich wird in diesen drei Wochen am Sabbat gesungen, der Sabbat hebt das Fasten auf. Aber die Musik als Ablenkung soll wegfallen, man soll in diesen Zeiten nachdenken können.

Im Christentum wie in den Geboten des islamischen Fastenmonats ist auch eine soziale Komponente enthalten. Die nicht fasten können sollen als Ersatz für Bedürftige spenden. Ist dieser soziale Gedanke des Fastens auch im Judentum enthalten?

Absolut. Der Prophet Jesaja sagt: Du kannst nicht fasten, wenn um dich herum Arme sind, die nichts zu essen haben. Eine jüdische Anekdote sagt: Ein armer Mann hat eine Ziege gehabt, und er hat der Ziege immer weniger zu essen gegeben, bis die Ziege gestorben ist. Da hat der Mann gesagt: Jetzt hab' ich sie fast so weit gehabt, daß sie nichts mehr zum Essen braucht, und jetzt ist sie mir gestorben. Also, das Fasten soll nicht nur ein Kasteien sein, sondern ein Mit-dem-anderen-Fasten, Mit-dem-anderen-Leiden. Und umgekehrt kann man auch in manchen Fällen ein Fasten mit Spenden abdingen, die dann an die Bedürftigen gehen. Der Arme soll auch an diesen Fasttagen fasten, aber eben nicht an anderen Tagen. An anderen Tagen soll der Arme sehr wohl zu essen haben.

Ist es nicht so, daß Arme, also Menschen, die am Existenzmini-
mum leben, ohnehin vom Fasten ausgenommen sind?
Daß die Armen vom Fasten befreit sind, das gibt es nicht.
Aber in bestimmten Fällen gibt es Ausnahmen. Der Jom-
Kippur-Fasttag wird ja, wie ich schon erzählte, von den
Menschen sehr ernst genommen. Und da gab es eine Zeit, in
der eine Epidemie drohte. Die Ärzte haben gewarnt, daß die
Leute, wenn sie am Jom Kippur fasten, zu schwach sein
werden und noch viel eher der Seuche zum Opfer fallen
werden. Dann haben die Rabbiner verordnet, daß diesmal
eben nicht gefastet wird, weil das Leben der Menschen sonst
gefährdet wäre.
Sogar in den Konzentrationslagern der Nazizeit gab es zum
Beispiel Juden, die am Jom Kippur fasten wollten. Obwohl
sie auch sonst fast nichts zu essen hatten. Es wird von einigen
Fällen erzählt, wo die Nazis, die ja über jüdische Gebräuche
und Sitten genau Bescheid wußten und die Menschen nicht
nur physisch, sondern auch psychisch zerbrechen wollten,
gerade an diesem Tag größere Essensrationen ausgaben. Sie
wollten die Menschen dazu bringen, ihren wichtigsten Fasttag und Feiertag zu brechen. Trotzdem haben dem einige
widerstanden, obwohl es unter solchen Umständen sicherlich erlaubt gewesen wäre zu essen. Die allgemeine Regel ist
die, daß der gesundheitlich gefährdete Mensch keineswegs
fasten muß. Wenn sich aber der einzelne anders entscheidet,
kann man schwer etwas tun. Obwohl es auch hier eine Geschichte gibt: Und zwar hat ein Rabbiner einem Kranken,
der gemeint hat, er sei nicht bereit, am Jom Kippur etwas zu
essen, das Essen zum Bett gebracht, hat ihn gefüttert, um
ihm zu zeigen, daß das so seine Richtigkeit hat.

Betrachtungen

über Leere und Erfüllung

Fasten ist ein Weg in ein Inneres, das einer Wüste ähnelt, einem weiten, offenen Land, einem Land, in dem man aber auch der Stille begegnet, sogar jener Stille, die die Einsamkeit umhüllt. Aber es ist eine Einsamkeit, die nach Erfüllung schreit. Sie gleicht einem kostbaren, leeren Gefäß, dem man ansieht, daß es seinen Sinn nur dann findet, wenn es sich wieder füllt. Fasten, sich der Stille, der Leere stellen, heißt damit also auch, auf Erfüllung zu warten, sich fähig machen, erfüllt zu werden. Die ganz großen Kenner der menschlichen Seele und des Glaubens drücken diesen Zustand etwa so aus: Erst wenn wir uns ganz leer gemacht haben, wenn wir ganz still, ja einsam geworden sind, sind wir fähig, richtig aufzunehmen, uns dem Sinn zu öffnen und damit Gott. Von sich ganz leer sein, das ist die Bedingung dafür, daß wir „Gott-voll" werden können. Das zeigt sich ganz deutlich bei Maria, der Mutter des Jesus von Nazareth. Ihre Bereitschaft, sich ganz klein zu machen, eröffnet ihr die Fähigkeit, ganz von Gott erfüllt zu werden. Ein Vorgang, der in ihrem Fall sowohl geistige wie leibliche Dimensionen angenommen hat.

In diesem Zusammenhang ist noch eine Tatsache interessant: Wenn man also ganz still, ganz einsam ist, hat man die größte Chance, sich die Gemeinschaft Gottes „einzuhandeln". Diese Begegnung, diese Gemeinschaft mit Gott wird aber zu einem Auftrag, sich den Menschen zuzuwenden. Einfach ausgedrückt: Fasten und Stille hilft mir, mit den Menschen auf eine bessere Kommunikationsstufe zu kommen.

Musterbeispiel dafür ist eine Geschichte aus dem Alten Testament. Der Prophet Elia verbringt schwere Tage in der Wüste und in der inneren Einsamkeit. Er will Gott begegnen, aber das ist nicht so leicht. Er will Gottes Stimme hören, aber er muß zuerst lernen, zu einem guten Gehör zu kommen. Als aber dann in einem beredten Schweigen sich die Begegnung vollzieht und es ihm in der Einsamkeit mit Gott gefällt, bekommt er den Auftrag, zu den Menschenkindern zu gehen und ihnen jene Geborgenheit zu schenken, die er bei Gott gesucht hat.

Ich halte diesen Aspekt des Fastens in der heutigen Zeit für unheimlich wichtig: Wir fasten, damit wir kommunikativer und menschenfreundlicher werden.

Ramadan

Vom Fasten der Muslime

„Gläubige, Fasten ist euch ebenso vorgeschrieben, wie es
jenen vorgeschrieben war, die vor euch lebten, auf daß ihr
euch schützt. Eine bestimmte Anzahl von Fasttagen! Wer
aber krank oder auf Reisen ist, der faste die entsprechende
Anzahl anderer Tage; und für jene, die es schwerlich
bestehen würden, ist eine Ablösung möglich: Speisung
eines Armen. Und wer mit freudigem Gehorsam ein gutes
Werk vollbringt, der hat noch größere Vorteile daraus.
Und Fasten ist gut für euch, wenn ihr es begreift."

Koran, Sure 2, 185

Im heiligen Buch des Islam, dem Koran, ist das Fasten ein
göttliches Gebot, das dem Propheten Mohammed als Vorschrift für die gläubigen Muslime offenbart wurde. Der daraus
resultierende Fastenmonat Ramadan, der im abendländischen
Europa der breiten Öffentlichkeit erst dadurch näher bekannt
wurde, daß eine große Zahl islamischer Gläubiger als Gastarbeiter und in letzter Zeit, leidvoll genug, auch als Flüchtlinge
nach Mitteleuropa kamen, ist im Verhältnis zu den uns ver-
trauten Fastenpraktiken sicher die strengste Fastenübung. Er
ist für Männer und Frauen, Minderjährige sind vom Fasten
befreit, religiöse Pflicht. Die Gläubigen fasten von der Zeit
der Dämmerung (ca. zwei Stunden vor Sonnenaufgang) bis
Sonnenuntergang, indem sie nichts essen, nichts trinken und
sich auch jeder geschlechtlichen Tätigkeit enthalten. Es ist
zusätzlich anzuführen, daß das Ramadan-Fasten auch ein
Rauchverbot einschließt. (So wie auch die jüdischen und
christlichen Fastengebote heute verstanden werden müssen.)
Der Ramadan ist der neunte Monat des islamischen Hijrah-
Jahres, das sich von einem reinen Mondkalender ableitet. Im

Vergleich zum christlichen Sonnenjahr, der Grundlage unseres Kalenders, heißt dies, daß der Ramadan jedes Jahr etwa elf Tage früher als im vorhergehenden Jahr beginnt. Der Fastentag ist wie im Judentum an die astronomische Tageszeit gebunden, so daß es je nach Jahreszeit und geographischer Breite, in der der Gläubige sich aufhält, ein bis zu zwanzigstündiges Fasten sein kann, das Tag für Tag absolviert werden muß. Nur in den Nachtstunden darf das Fasten unterbrochen werden, ausgenommen ist die sexuelle Enthaltsamkeit. Die Nahrungsaufnahme sollte aber bescheiden bleiben. Es wird auch empfohlen, eine leichte Mahlzeit unmittelbar vor dem Beginn des Fasttages einzunehmen. Dem gläubigen Moslem sind auch zu seinen üblichen fünf Tagesgebeten zusätzliche Gebete vorgeschrieben. In der Tradition des Islam hängt der Fastenmonat mit der göttlichen Erleuchtung des Propheten zusammen, denn zu den größten Festen der Muslime gehört die Heilige Nacht am drittletzten Tag des Ramadan. Nach der Überlieferung war es nämlich in der Nacht vom 26. zum 27. Tag dieses Monats, daß Allah seine erste Offenbarung durch den Erzengel Gabriel auf den Propheten niedersandte.

Ausnahmeregeln gelten, wie schon erwähnt, für Minderjährige und Reisende, aber auch für Altersschwache, Kranke, schwangere und stillende Frauen. Die versäumten Tage können entweder nachgeholt werden, oder wenn die nötigen Mittel dazu vorhanden sind, sollte anstelle des Fastens für jeden Fasttag ein Armer ernährt werden. Trotz der im ersten Moment anmutenden Strenge, in der das Ramadan-Fasten den Muslimen auferlegt ist, zeigt sich schon in dieser kurzen Zusammenfassung der Gebote, daß der Prophet Mohammed, der nach allem, was über ihn historisch bekannt ist, ein kluger Mann seiner Zeit gewesen ist, auch ohne göttliche Erleuchtung zumindest ähnliches geschrieben hätte: eine, was das Fasten betrifft, geradezu brillante Synthese dessen, was schon die beiden monotheistischen vorislamischen Religionen, das Judentum und das Christentum, als Bestes und Vernünftigstes unter den Fastenregeln definiert hatten. Und das noch dazu in komprimierter, übersichtlicher Form. Es ist nun eine allzu menschliche, aber eben andere Sache, wie dieser strenge Fastenmonat tatsächlich „ausgelebt" wurde und wird. In der arabischen Welt ist der Ramadan für die Muslime eine Zeit der Hochstimmung und der Freude, insbesondere in den letzten drei Tagen, in die ja das ganz große Fest der Heiligen Nacht fällt. In bestimmten Gegenden ist der Fastenmonat eine Zeit, in der sogar mehr gegessen wird als während des übrigen Jahres. Denn während man sonst meist nur ein Gericht am Tage ißt, werden im Ramadan oft Abendessen mit mehreren Gängen in großen Mengen verzehrt. Dies scheint im ersten Moment Laxheit und Frevel zu sein, hat aber wiederum einen eigenen sozialen Charakter. Denn es gilt hier als Pflicht, besonders für die Wohlhabenden, nach Sonnenuntergang die Bettler und Armen reich zu beschenken, vor allem mit Hammelfleisch, ein Luxus, den sie sich sonst nie leisten könnten. Am letzten Tag des Ramadan wird dann in Erinnerung an das Opfer Abrahams ein Hammel geschlachtet. Und es ist Ehrensache für jeden vermögenden Gläubigen, seine ganze Familie – und das sind im Orient nicht wenige Personen – mit ausreichenden Mengen Hammelfleisch zu versorgen.

Besonders schwer, nicht nur aus schon erwähnter astronomischer Sicht, ist der Ramadan für die in der Industrie und zu anderen Schwerarbeiten eingesetzten Gastarbeiter der europäischen Wirtschaft. Der grundsätzlich auf islamische Glaubensregeln keine Rücksicht nehmende Arbeitsrhythmus der westlichen Welt, das erzwungene Leben in Wohnverhältnissen, die oft sogar den Grundregeln der islamischen Hygienevorschriften widersprechen – vom meist bornierten, ablehnenden Unverständnis der „christlichen" eingeborenen Nachbarn und Arbeitskollegen einmal abgesehen –, all das macht es den muslimischen Frauen und Männern doppelt schwer, die göttlichen Gebote ihres heiligen Buchs zu befolgen. So muß es auch hier oft genug zu Kompromißlösungen kommen oder zu Lockerungen durch verständnisvolle Imame in den zuständigen Moscheen. Nicht anders als im Judentum und in der Christenheit, denn die Einhaltung und Ausübung, somit auch die Dispens von religiösen Fastenregeln obliegt bei den Juden dem Rabbiner und in den christlichen Kirchen von alters her in Form des sogenannten Fastenmandats den Bischöfen. Nebenbei gesagt ist es ohnehin ein nur allzu seltener Versuch, aber ein schöner Traum für alle religiösen Menschen, daß bei Wahrung jeglicher Identität sich doch Rabbiner, Bischöfe und Imame an einen Tisch setzen sollten. Und das nicht nur in Fragen religiöser Fastengebote. Aber das ist eine ganz andere Geschichte.

Betrachtungen

über die Selbsttäuschung

Bedingung für gutes, sinnvolles Fasten ist, sich auf sein Leben zu besinnen und es zu überdenken. Um das tun zu können, braucht es Stille und Rückzug auf sich selbst, damit man seine innere Stimme hören kann. Den negativen Gefühlen muß man sich stellen, die positiven soll man gefühls- und willensmäßig verstärken. Dann gilt es, Motivationen für ein positives Handeln zu suchen. Dazu helfen Ratschläge und Beispiele, die uns andere Menschen liefern, Menschen, die den Weg zu sich selbst und damit zu den Mitmenschen bereits gegangen sind. Denn es ist nicht leicht, diesen Weg allein zu finden. Zu oft belügen wir uns selbst, vergessen, daß nicht jeder gangbare und zu gehende Weg unbedingt auch ein bequemer Weg sein muß. Der Prophet Jesaja, der offenbar schon vor über 2500 Jahren diese unsere Schwäche der Selbsttäuschung erkannt hat, hat uns einen Text hinterlassen, der wie kaum ein anderer geeignet ist, Korrekturen selbst am frömmsten und gutgemeinten Fasten anzubringen:

„Sie fordern von mir ein gerechtes Urteil und möchten, daß Gott ihnen nah ist. Warum fasten wir, und du siehst es nicht? Warum tun wir Buße, und du merkst es nicht?
Seht, an euren Fasttagen macht ihr Geschäfte und treibt eure Arbeiter zur Arbeit an. Obwohl ihr fastet, gibt es Streit und Zank, und ihr schlagt zu mit roher Gewalt.
So wie ihr jetzt fastet, verschafft ihr eurer Stimme droben kein Gehör. Ist das ein Fasten, wie ich es liebe, ein Tag, an dem man den Kopf hängen läßt, so wie eine Binse sich neigt, wenn man sich mit Sack und Asche bedeckt? Nennst du das ein Fasten und einen Tag, der dem Herrn gefällt? Nein, das ist ein Fasten, wie ich es liebe: Die Fesseln des

Unrechts zu lösen, die Stricke des Jochs zu entfernen, die Versklavten freizulassen, jedes Joch zu zerbrechen, an die Hungrigen dein Brot auszuteilen, die obdachlosen Armen ins Haus aufzunehmen, wenn du einen Nackten siehst, ihn zu bekleiden und dich deinen Verwandten nicht zu entziehen.

Dann wird dein Licht hervorbrechen wie die Morgenröte, und deine Wunden werden schnell vernarben.

Wenn du dann rufst, wird der Herr dir Antwort geben, und wenn du um Hilfe schreist, wird er sagen: Hier bin ich."

aus: Jesaja, 58. Kap.

Über Pfarrersköchinnen

Dichtung, Deutung und Wahrheit

Wenn das Stichwort Pfarrersköchin fällt, dann erscheint reiferen Semestern ein sehr prägnantes Bild vor Augen: Annie Rosar. Die weit über die Grenzen ihres Geburtslandes hinaus bekannte Volksschauspielerin hatte in einer der österreichischen Film-Heimatschnulzen der fünfziger und sechziger Jahre diese Rolle so überzeugend gespielt, daß darüber – und das ist eine große künstlerische Ungerechtigkeit – von Zeitgenossen fast vergessen wird, welch andere großartige Rollen diese Künstlerin auf der Bühne und im Film verkörperte. Wenn Frau Rosar im wirklichen Leben eine wirkliche Pfarrersköchin gewesen wäre, so wie sie von der Filmleinwand auf uns zukam, dann würde sie nun nach ihrem Tod und in ewige Zeiten bestimmt den Erzengel Gabriel bekochen. Und das ist keine unschickliche Phantasie für Gläubige.

Die Pfarrersköchin ist eine weltliche, eine irdische Figur. Obwohl oder gerade weil in früheren Zeiten viele Pfarrersköchinnen Klosterschwestern waren. Die Pfarrersköchin ist, abgesehen von großen Pfarreien, die sich mehrere Bedienstete leisten können, auch keineswegs nur Köchin. Eigentlich ist sie die Wirtschafterin des Pfarrhofs, die haushaltlich und pflegerisch für alle und alles sorgt, was ihrem Hochwürden (und seinen Kaplänen) trotz mangelnden Ehestands ein häusliches Leben ermöglichen soll. Frau Rosar verkörperte diesen Typ „gestandenes Frauenzimmer", dessen Lebenswandel keinen christlichen Zweifel aufkommen läßt: genug Haare auf den Zähnen, um dies nicht nur notfalls zu belegen, sondern auch jedem anzüglichen Spötter das Wort gleich im Munde ersterben zu lassen; eine gewisse Hantigkeit, auch um den von ihr verkösigten geistlichen Herrn vor dem Unbotmäßigen der Welt zu bewahren. Wenn auch manchmal nur mit mäßigem Erfolg, denken wir nur an das leidvolle Bemühen der Köchin des Paters Brown, der stets geneigt ist, seiner zweiten Leidenschaft nachzugehen – der Kriminalistik. Diese Pfarrersköchin ist uns hauptsächlich aus den Pater-Brown-Filmen bekannt, in denen Heinz Rühmann, als englischer katholischer Pfarrer verkleidet, sich ständig als Privatdetektiv in Probleme stürzt. Keine Frage, auch sie ist wieder nur eine erfundene literarische Nebenfigur. Und der Name der schirmbewaffneten Köchin, die ihm mit Sack und Pack auf allen seinen Strafversetzungen folgt, ist uns sowohl vom Rollennamen wie auch dem der Schauspielerin weniger bekannt geblieben.

Was führt uns etwas antiquierte Filmliebhaber zu solchen Assoziationen und Vergleichen? Welche Erwartungen, welche Klischeevorstellungen verbinden uns denn noch mit dieser Lebens- und Kunstrolle? Ohne sich allzu kühn in tiefenpsychologische Deutungen zu stürzen, kann man sagen, daß es sich wohl um einen irdischen und sehr privaten Mutterkult handelt, der da in uns aufkeimt. Wie Pfarrersköchinnen auf der ganzen Welt auch immer sein mögen, ob kechuasprechende Indiofrauen, südchinesische Bauerswitwen, schwarz gekleidete neapolitanische Matronen, wir einfache Menschen wünschen uns neben der Autorität in Form der väterlichen Strenge des Pfarrpriesters auch die mütterliche Allmacht des Pfarrhofes. Vielleicht ist es heute denkbar, daß ein junger Geistlicher nebst vielen mit seiner Ordination verbundenen Sekretariats- und Verwaltungsarbeiten auch noch als perfekter Hausmann sein Leben fristet. Schließlich können auch Männer emanzipiert sein. Aber, wie wäre seine Stellung in der Gemeinde? Nicht nur eingefleischten Traditionalisten würde etwas fehlen. Ein Pfarrer, der sich aus dem Mikrowellenherd verköstigt – lassen wir einmal ernährungsphysiologische Fragen weg –, hätte wohl kaum die volle Autorität der Kanzelrede.

Ein TV-Werbespot der letzten Zeit hinterfragt das in bana-

ler Komik. Kurze Szenenbeschreibung: Armer Landpfarrer
gerät mit seinem klapprigen Fahrrad auf einem Feldweg in
eine Hühnerschar. Kreischendes Gegacker aus dem Off deu-
tet an, daß der Seelenhirt mit seiner Fahrweise einen Flatter-
mann erledigt hat. Hochwürden blickt um sich und bückt
sich zu Boden. Schnitt. Der Kirchenmann, mit Messer und
Gabel bewaffnet, sitzt strahlend vor einem Teller Backhuhn.
Im Bildhintergrund feixt – die Pfarrersköchin. Der anschlie-
ßende Sprechton erläutert die Botschaft: Jedermann könne
auf einfachere Art sein Landhendl billig erstehen. Ohne die
filmkünstlerische Qualität, das dramaturgische Raffinement
oder die werbetechnische Erfolgsträchtigkeit dieser rund 20
Sekunden auch nur ansatzweise bewerten zu wollen, eines
wird hier klar reproduziert: Pfarrer, auch arme, können keine Hühner zubereiten, brauchen daher eine gestandene Köchin und müssen auf deren Verschwiegenheit rechnen, denn
sie könnte ihnen ja auch die Gendarmerie auf den Hals het-
zen. Wir lernen insgesamt daraus, ein Pfarrer ohne Köchin
ist schlichtweg nicht lebensfähig.

Lassen wir die Werbung, blättern wir in den Evangelien. Es
wird auch dort geschrieben, daß Jesus, der Rabbi aus Nazareth, und seine Jüngergemeinde Frauen im Gefolge hatten.
Es war also kein exklusiv männlicher Club in Galiläa unterwegs, sondern eine Gruppe wandernder Menschen, in der
höchstwahrscheinlich die Frauen die alte, aber geschlechts-
spezifische Aufgabe des Essenkochens übernommen hatten.
Das sollte auch den konservativsten Gläubigen nicht überra-
schen, denn zu den schönsten Stellen des Neuen Testaments
zählen jene, wo Jesus sich im Gespräch Frauen zuwendet.
(Übrigens eine für die antike Welt und für das Judentum
jener Zeit höchst provokante Eigenart. Denn nach dem damaligen Sittenkodex war Männern das Gespräch mit einer
fremden Frau in der Öffentlichkeit schlichtweg verboten, so
wie es heute noch in der islamischen Welt gilt.)
Es ist vielleicht nur ein anekdotisches Gerücht, daß manche

resche Pfarrersköchin aufgrund ihrer Lebenserfahrung das Thema der Sonntagspedigt vorgab, aber anstößig und unsympathisch ist auch diese Phantasie nicht.

Die Pfarrersköchin spielt also eine dominante Rolle im alltäglichen Leben des Pfarrhofs und des Gemeindewesens. Ihre Besetzung kann, nicht nur im Film und auf der Bühne, von entscheidender Bedeutung sein. Traditionell wurden und werden oft ehrbare Witwen oder auch Verwandte des Geistlichen mit dieser Aufgabe betraut. Das muß nicht immer problemlos sein, wie am Beispiel einer Fernsehserie („Mit Leib und Seele") gezeigt wurde. Da agierte an der Seite des voluminösen Pfarrers (Günther Strack) exemplarisch dessen Schwester. Diese Pfarrersköchin, von Lieselotte Pulver zwar bestens und amüsant gespielt, erschien dem TV-Publikum als Katastrophe. Sie konnte nämlich – rollengemäß – nicht kochen! Ein Skandalon, das Schaudern macht, sei es auch nur im Vorabendprogramm. Wirkliche Pfarrersköchinnen müssen einfach kochen können. Und je nach sozialer Herkunft und finanziellem Status der Pfarrei erscheinen sie uns in ihrer Kochkunst als die ideale Synthese bäuerlicher Schlichtheit, klösterlicher Kreativität und bürgerlicher Gediegenheit. Wieder nur eine Assoziation? Nein, ein Blick in die Kochrezepte ehemaliger und jetziger Pfarrersköchinnen läßt aufatmen: Es ist echte Hausmannskost der besten Art. Das gilt auch für die Fastenrezepte.

Kartoffelspeisen

KARTOFFELNUDELN

1 kg Kartoffeln, 200 g Kartoffelmehl, 5 Eßlöffel Grieß, 1 Prise Salz; 70 g Butter oder Öl, etwas Salz
Kartoffeln kochen und noch heiß passieren. Kartoffelmehl, Grieß und Salz dazugeben und die Masse gut verkneten. Aus dem Teig eine Rolle formen, Stücke abschneiden, daraus daumenlange, fingerdicke, runde Nudeln formen. Salzwasser zum Sieden bringen, die Kartoffelnudeln darin leicht kochen lassen. Wenn sie nach oben schwimmen, sind sie fertig. Die Nudeln abseihen. Butter oder Öl in einer Pfanne heiß werden lassen, die Nudeln kurz anbraten. Mit Salz abschmecken und mit Salat servieren.
Oder aber die Nudeln mit Nüssen bestreuen, überzuckern und Kompott dazu servieren.

KARTOFFELKNÖDEL

werden aus demselben Teig oder einer Teigfertigmischung gemacht. Knödel formen, in Salzwasser etwa 20 Minuten ganz leicht kochen lassen, herausnehmen. Kartoffelknödel können als Beilage zu Gemüse serviert werden, aber auch als Süßspeise: Man füllt sie vor dem Kochen mit Obst (siehe Quarkknödel Seite 88) und bestreut die fertigen Knödel mit gerösteten Semmelbröseln und eventuell etwas Zimt.

KARTOFFELNUDELN MIT MOHN

1 kg Kartoffeln, 200 g Kartoffelmehl, 5 Eßlöffel Grieß, 1 Prise Salz (oder Teigfertigmischung); 150 g geriebener Mohn, 70 g Butter, Zucker nach Geschmack

Kartoffelnudeln kochen. Butter in einer Pfanne zerlassen, die Kartoffelnudeln dazugeben und gut durchschwenken. Nudeln mit geriebenem Mohn bestreuen, gut durchmischen. Vor dem Servieren mit Zucker bestreuen. Dazu wird Kompott gereicht.

KÄSEKARTOFFELN
Ein Rezept aus dem Lustenauer Kochbuch

700 g Kartoffeln, Salz, Pfeffer, Kümmel, 200 g Hartkäse, etwas Öl, 1 Zwiebel, 1 Bund Petersilie oder Brennesseln

Kartoffeln schälen, in Würfel schneiden und in Salzwasser weich kochen. Käse reiben. Zwiebel klein schneiden, Petersilie oder Brennesseln hacken. Öl in einer Pfanne heiß werden lassen, Zwiebel anrösten, Petersilie (oder Brennesseln) mitrösten. Die Kartoffeln abseihen und in die Pfanne geben. Mit Pfeffer und Kümmel würzen, mit geriebenem Käse bestreuen, gut durchmischen. Dazu wird Salat serviert.

GSCHABO-GANZ
Ein Rezept aus dem Lustenauer Kochbuch
Übersetzt heißt das: „Geschabte, ganz", also junge, geschabte Kartoffeln, die nicht zerschnitten werden.

1 kg kleine Frühkartoffeln, 1 Zwiebel, 1 Eßlöffel Butter, 1 Eßlöffel Mehl, Salz, Pfeffer, Kümmel, Liebstöckel, Petersilie, etwas Butter

Kartoffeln gut waschen und die Schale abschaben. In einem

nicht zu kleinen Topf Butter erhitzen, Kartoffeln anlaufen lassen. Mit Mehl stauben, mit so viel Wasser aufgießen, daß die Kartoffeln bedeckt sind. Die Gewürze dazugeben, kochen lassen, bis die Kartoffeln weich sind. Zwiebel fein schneiden, in Butter anrösten. Über die fertige Kartoffelspeise streuen.

Dazu schreibt die Köchin:

„Dies ist eine feine Fastenspeise im Sommer, mit den ersten kleinen Frühkartoffeln!"

NEUE KARTOFFELN (HEURIGE) MIT KRÄUTER-QUARK-(TOPFEN-)CREME

1 kg junge, kleine Kartoffeln, 4 Eßlöffel Wasser oder Suppe, 1 Eßlöffel Butter, 120 g Magerquark (Magertopfen), 1 Becher Joghurt, 1 Eßlöffel Zitronensaft, 1 Tasse gemischte, feingehackte Kräuter, 1 Knoblauchzehe

Die Kartoffeln sauber bürsten. In einen gut schließenden, breiten Topf ganz wenig Suppe oder Wasser und 1 Eßlöffel Butter geben. Die Kartoffeln hineinlegen und bei schwacher Hitze garen. In der Zwischenzeit Quark, Joghurt und Zitronensaft cremig rühren, die gehackten Kräuter und die gepreßte Knoblauchzehe dazugeben. Die Quarkcreme kalt stellen. Wenn die Kartoffeln fertig sind, kommen sie in der Schale auf den Tisch. Dazu wird die Creme serviert.

KARTOFFELGULASCH

70 g Fett (Öl), 3 Zwiebeln, 2 Knoblauchzehen, Pfeffer, Salz, Kümmel, 1–2 Teelöffel Paprika, 1 Lorbeerblatt, Majoran, 1 Eßlöffel Essig, 5–6 Eßlöffel Tomatenmark, 1–1^1/$_2$ kg Kartoffeln, eventuell ein paar Eßlöffel saure Sahne oder Crème fraîche

Kartoffeln schälen und in Würfel schneiden, in kaltes Wasser legen, damit sie nicht die Farbe verlieren. Zwiebeln und Knoblauch grob hacken. Öl in einem nicht zu kleinen Topf heiß werden lassen, Zwiebeln und Knoblauch darin anrösten lassen. Wenn sie goldgelb sind, Paprika dazugeben, ganz kurz (30 Sekunden) anrösten lassen und mit Essig und $^1\!/_8$ l Wasser aufgießen. Kartoffeln, Tomatenmark und Gewürze dazugeben. Gut durchmischen und aufkochen lassen. Langsam köcheln lassen und, wenn nötig, noch etwas Wasser zusetzen, damit sich ein guter Saft bilden kann. Immer wieder umrühren, damit sich das Kartoffelgulasch nicht anlegt. Kochen lassen, bis die Kartoffeln weich sind. Wenn das Gulasch etwas überkühlt ist, nach Geschmack mit etwas saurer Sahne oder Crème fraîche verfeinern.

EINGEBRANNTE (SAURE) KARTOFFELN
In Ostösterreich auch als „Saure Hund" bekannt

750 g Kartoffeln, 40 g Butter, 30 g Mehl, Salz, Pfeffer, Kümmel, Thymian, 1 Lorbeerblatt, 1 Knoblauchzehe, 1 Eßlöffel Essig. Zum Verfeinern: $^1\!/_2$ l Suppe oder Gemüsesud, 1 Zwiebel, etwas Sahne oder Crème fraîche, etwa 5 Essiggurken, Petersilie

Kartoffeln kochen und schälen. Aus Butter und Mehl eine Einbrenn (Mehlschwitze) bereiten: Butter erhitzen, darin das Mehl anrösten. Mit Wasser (oder Suppe) ablöschen, gut durchrühren, damit keine Klümpchen entstehen. Salz, Pfeffer, Kümmel, Thymian, Lorbeerblatt, Knoblauch und Essig dazugeben, nach Bedarf noch etwas Wasser zugießen, so daß eine gute Basissoße entsteht. Kurz durchkochen lassen. Die Kartoffeln in Scheiben schneiden und in die Soße geben. Ganz leicht köcheln lassen.

Zum Verfeinern: Eine kleingeschnittene, geröstete Zwiebel zur Einbrenn geben, in die fertige Speise etwas Petersilie, kleingeschnittene Essiggurken und einige Löffel Sahne einrühren.

Reste von Kartoffelsalat lassen sich übrigens gut zu dieser Fastenspeise verarbeiten: In die Soße wird statt der extra gekochten Kartoffeln der fertige Kartoffelsalat gegeben. Die Speise ist durch die Salatmarinade besonders pikant.

ANNIS KARTOFFELTALER
Ein Rezept aus dem Lustenauer Kochbuch

1 kg festkochende Kartoffeln, Salz, Kümmel, etwas Butter oder Margarine, 1/2 l Milch, 1/8 l saure Sahne (Sauerrahm)
Kartoffeln waschen, schälen und in ca. 2 mm dicke Scheiben („Taler") schneiden. Auflaufform oder Schmortopf ausfetten. Eine Lage Kartoffeltaler einschichten, mit Salz und Kümmel bestreuen, dann die nächste Lage darauflegen und wiederum gut würzen. Wenn alle Kartoffeltaler im Topf sind, wird so viel Milch dazugegeben, daß die Taler knapp bedeckt sind. Bei etwa 200 Grad im Ofen schmoren lassen, bis die Taler weich sind (ca. 25 Minuten). Danach die gut verrührte Sahne darübergießen und nochmals schmoren lassen, bis sich eine leichte, braune Kruste bildet.
Frau Anni serviert dazu Apfelmus. Und schreibt: „Mhmmmmmm . . . das schmeckt!"

KARTOFFEL-LAUCH-TÄTSCHLI
Ein Rezept aus dem Lustenauer Kochbuch

500 g Kartoffeln, 500 g Lauch, etwas Butter, 2 Eier, Salz, Pfeffer, Muskat, Butterschmalz zum Ausbacken
Kartoffeln kochen, schälen und grob raspeln. Den Lauch in feine Streifen schneiden und in ein wenig Butter weich dünsten. Den gedünsteten Lauch und die Kartoffeln gut durchmischen. Die Eier in einer Schale verquirlen und dazugeben. Würzen und die Masse nochmals kräftig durchmischen. But-

terschmalz in einer Pfanne erhitzen, aus der Masse etwa handtellergroße „Tätschli" in das heiße Fett legen und auf beiden Seiten braten. Dazu Salat reichen.

KARTOFFELLAIBCHEN

750 g Kartoffeln, 40 g Butter, Salz, Kümmel, Muskatnuß, etwas Mehl, eventuell 150 g Käse (Hartkäse oder Mozzarella)
Kartoffeln kochen, schälen und grob raspeln. Butter zerlassen und unter die Kartoffeln mischen. Mit Salz, Kümmel und Muskat abschmecken. Backblech mit Backpapier auslegen. Aus der Kartoffelmasse etwa fingerdicke Laibchen formen, auf beiden Seiten mit Mehl bestäuben, auf das Backpapier legen. Im vorgeheizten Ofen bei mittlerer Hitze backen, bis sie knusprig braun sind (etwa 15 Minuten). Zur Verfeinerung können die Kartoffellaibchen mit geriebenem Hartkäse oder einer dünnen Scheibe Mozzarella belegt und überbakken werden. Dazu paßt Salat, eine Soße aus cremig gerührtem Quark mit frischen Kräutern, aber auch Gemüse.

KARTOFFEL-ZUCCHINI-AUFLAUF

1 kg Kartoffeln, 1 mittelgroßer Zucchino, 300 g geriebener Hartkäse, Pfeffer, Salz, 60 g Butter, 50 g Mehl, ca. $^1/_2$ l Milch, etwas Margarine
Kartoffeln kochen, schälen, in Scheiben schneiden. Zucchino in feine Scheiben hobeln. Eine Auflaufform gut einfetten. Kartoffelscheiben einschichten, pfeffern, salzen, dann die Zucchinoscheiben darauflegen, würzen, darauf wieder eine Lage Kartoffelscheiben legen und so fort. Mit Kartoffeln abschließen. In einem Topf die Butter zerlassen, Mehl dazugeben, kurz durchrösten und mit der Milch aufgießen. Fest durchrühren, damit die Masse glatt wird. Pfeffern und sal-

zen. Langsam aufkochen lassen, dabei immer gut umrühren. Schließlich den geriebenen Käse dazugeben und rühren, bis er sich auflöst. Die Masse sollte zu einem dickflüssigen Brei werden. Diesen Brei über die Kartoffel-Zucchini-Pfanne gießen. Den Auflauf im Backofen bei mittlerer Hitze goldbraun backen.

KARTOFFELAUFLAUF MIT GEMÜSE

700 g Kartoffeln, 40 g Butter, etwas Öl, 200 g Spinatblätter oder Tiefkühlspinat (auch Brennesselblätter oder eine Mischung aus Spinat und Brennesseln; Bärlauchblätter eignen sich ebenfalls gut), 1 Bund Petersilie, 150 g Champignons, 200 g Tomaten, Salz, Pfeffer, Muskat, 150 g Mozzarella, 1/2 Becher Crème fraîche, etwas Butter

Kartoffeln kochen, schälen und in nicht zu dünne Scheiben schneiden. Kartoffelscheiben in eine große Schüssel geben. Spinat (oder anderes Blattgemüse) waschen und abtropfen lassen. In einer Pfanne Butter zerlassen und die Spinatblätter 2 Minuten darin garen lassen. Tomaten in kleine Würfel schneiden, Petersilie fein hacken. Die Champignons in Scheiben schneiden und in einer Pfanne mit Öl kurz anbraten. Tomatenwürfel und Petersilie hinzufügen, kurz dünsten lassen, salzen und pfeffern. Den Mozzarella in kleine Würfel schneiden. Nun die Champignon-Tomaten-Masse zu den Kartoffeln geben, etwas Muskat, Crème fraîche und den Mozzarella beifügen und gut durchmischen. Eine Auflaufform mit Butter einfetten. Einen Teil der Kartoffelmischung hineingeben, dann eine Lage Spinatblätter, anschließend wieder Kartoffeln. Im vorgeheizten Ofen bei mittlerer Hitze etwa 15 bis 20 Minuten goldbraun backen.

GEMÜSEGURKEN MIT KARTOFFELFARCE
Ein Rezept aus dem Lustenauer Kochbuch

500 g Kartoffeln, Salz, 2 große Salatgurken, Pfeffer, 1 Tasse gemischte Kräuter (zum Beispiel Petersilie, Schnittlauch, Dill, Estragon), 3 Eigelb, 50 g Roquefort, 1 Eßlöffel Mehl, Muskat, etwas Margarine, 2 Eßlöffel Milch

Kartoffeln waschen, schälen, in grobe Stücke schneiden und in Salzwasser etwa 20 Minuten kochen. Die Gurken schälen, quer in vier Stücke teilen, aushöhlen, dabei einen etwa 1 cm dicken Rand lassen. Innen ganz leicht salzen und pfeffern. Die Kräuter fein hacken, wenn Dill dabei ist, ein Stämmchen zum Garnieren zur Seite legen. Den Roquefort mit einer Gabel zerdrücken. Die Kartoffeln abgießen, kurz überkühlen lassen und dann mit einer Gabel zerdrücken. 2 Eigelb und Roquefort darunterrühren, ebenso das Mehl und die Kräuter. Mit Salz und Muskat würzen. Eine flache Form ausfetten, die Gurken-stücke aufrecht hineinsetzen und mit der Kartoffelmasse fül-len. Das dritte Eigelb mit 2 Eßlöffeln Milch gut verrühren und die Kartoffelmasse damit bestreichen. Im heißen Ofen etwa 25 Minuten backen. Mit Dill garnieren.

GNOCCHI

Gnocchi werden im Zisterzienserkloster Heiligenkreuz sehr gerne als Fastenspeise gekocht, erzählt Frau Waltraud, die Köchin. Der Küchenchef, Pater Markus, selbst gelernter Koch, stammt nämlich aus Italien.

Am einfachsten und schnellsten ist es, Gnocchi fertig zu kaufen (es gibt sie tiefgekühlt, aber auch frisch). Gnocchi selbst zu machen ist ziemlich aufwendig – weniger von der Teigbereitung, sondern vom Erlangen der Form. Für Inter-essierte hier das Grundrezept:

1 kg Kartoffeln, 300 g Weizenmehl, 1 Ei, Salz, Muskatnuß
Kartoffeln kochen, schälen und passieren (oder faschieren).
Mit Salz, Muskat, Ei und etwas Mehl vermischen, gut durchkneten. Erst nach und nach das restliche Mehl dazugeben.
Der Teig soll weich sein, aber nicht klebrig. Den Teig zu
einer langen, dünnen Rolle formen und 2 cm lange Stücke
abtrennen. Jedes Gnocchi erhält nun seine besondere Form:
Mit einer Gabel drückt man das gerippte Muster ein. Für
große Mengen gibt es eine spezielle Maschine. Die Gnocchi
werden – ähnlich wie Spätzle – in Salzwasser gekocht. Wenn
sie an die Oberfläche steigen, sind sie fertig und können
abgeseiht werden.

GNOCCHI MIT TOMATENSOSSE

500 g Gnocchi, Salz, 1 Zwiebel, 1 Knoblauchzehe, etwas Öl,
Pfeffer, Salz, Basilikum, Petersilie, Majoran, Rosmarin, 400 g
Tomatensoße oder Tomaten aus der Dose, eventuell $^1/_8$ l Weiß-
wein, Parmesan
Gnocchi in Salzwasser kochen, abseihen. Zwiebel und
Knoblauch fein schneiden. Tomaten in Stücke schneiden. Öl
erhitzen, Zwiebel und Knoblauch glasig rösten, Tomaten-
stücke oder -soße dazugeben, würzen und auf kleinster
Flamme köcheln lassen. Wenn die Soße zu dick wird, eventuell mit etwas Weißwein aufgießen. Gnocchi in der Tomatensoße servieren.

GNOCCHI MIT KÄSE

500 g Gnocchi, Salz, etwas Margarine, 200 g Käse (Mozzarella,
aber auch Hartkäse), Butter, Salz, Parmesan
Gnocchi in Salzwasser kochen, abseihen und gut abtropfen
lassen. Mozzarella in dünne Scheiben schneiden (oder Hart-

käse grob raspeln). Eine Auflaufform einfetten. Eine dünne Schicht Gnocchi einfüllen, ganz leicht salzen und mit einer Schicht Käse belegen, anschließend wieder eine Schicht Gnocchi darüberlegen, zum Abschluß Käse und einige Butterflöckchen. Im Ofen bei mittlerer Hitze etwa 20 Minuten backen, bis die Oberfläche schön braun geworden ist.

Betrachtungen

über den Tag der tausend Kreuze

Das Schöne und Gute am Fasten ist seine Vielseitigkeit. Vom „Iß die Hälfte" über „Teil mit dem Hungrigen dein Brot" bis zur bewußten Bejahung von Einsamkeit ist ein wahrhaft weiter Bogen zu spannen. In diesem Bogen gibt es einen Abschnitt, der durch den Karfreitag, durch die Erinnerung, die mit diesem Tag verbunden ist, eine ganz besondere Spannung enthält. Wohl ist der Karfreitag in seiner Bedeutung gemindert worden, weil er für viele Menschen zu einem Reisetag geworden ist. Doch allein deshalb könnte er ein besonderer Fasttag werden, wenn an diesem Tag am Reisen, am übertriebenen Autofahren gefastet wird. Aber diese Art Fasten sollte nicht nur auf den Karfreitag beschränkt sein. Autofasten ist das ganze Jahr über angebracht – zu eigenem und zu fremdem Heil, schon deshalb, weil es dann weniger Verkehrstote gäbe.

Der Karfreitag, Inbegriff des Fasttages, ist aber auch ein Tag, um menschlich Großes zu leisten und sich mit dem Tod auseinanderzusetzen. Sich Zeit zu nehmen und in Stille unser menschliches Dasein zu überdenken und die Tatsache, daß es da als die große und vielfach bittere Realität den Tod gibt und seine tagtägliche Bedrohung durch ihn, da er jeden Augenblick durch die Fugen unseres Daseins hereinkriecht oder sich durch Unglück, Krankheit und Abertausende von Leiden ankündigt. Wir könnten dann, wenn wir uns dem Tod stellen, nach des Todes wirklicher Macht fragen und könnten entdecken, daß seine Macht begrenzt ist. Auch der mächtige Tod bekommt in der Erinnerung des Karfreitags seinen ganz bestimmten und eingegrenzten Bereich zugeteilt.

Es wird so dieser Tag der tausend Kreuze zugleich auch zu

einem Tag der tausend Kehrseiten der Medaille. Denn diese Medaille hat durch den Tod Jesu eine neue Aufschrift bekommen, eine neue, nie mehr abzugreifende Prägung, nämlich die eines immerdauernden, glücklichen Lebens.

Deshalb ist der Karfreitag ein so wichtiger Fasttag, weil er uns den Geist weitet in neue Dimensionen. Aus der Erfahrung der Angst und des Todes lockt uns der Geist in das Land eines Lebens, das uns niemand mehr nehmen kann. Es ist dann so wie beim Weizenkorn. Das scheinbar zermalmte, zertretene und zerquetschte Weizenkorn wird Basis für eine Speise, die nährt und überleben hilft. Auch uns drückt der Tod in die Erde, aber zugleich hilft er uns, durch den Tod Jesu von Nazareth aufzublühen und nie mehr zu vergehen, weil wir durch das ewige Leben ständig ernährt werden.

Fasten heute

Ein Gespräch mit Pater Raynald

Die Theologische Realenzyklopädie beschreibt unter dem Abschnitt „Fasten" und „Fasttage" über mehrere Seiten die durchaus bewegte Geschichte der Fastenzeiten und Fasttage der christlichen Kirchen vom frühen Christentum bis in unser Jahrhundert. Vom Ursprung des vorösterlichen Vorbereitungsfastens führte über viele Jahrhunderte eine immerwährende theologische Diskussion zu großen Ausweitungen der Fastenperiode, zu wechselnden kirchlichen Reglementierungen, zu traditionellen Verankerungen, die heute noch im Jahreslauf in mehreren Bezeichnungen vorhanden sind. So fußen die Namen „Fas(t)nacht" oder „Karneval" für den Fasching eben darauf, daß mit dem Aschermittwoch die Quadrigesimalzeit, das vierzigtägige vorösterliche Fasten, beginnt, die den Karfreitag, den zweiten strengen Fasttag der Katholiken, einschließt. Die Nacht vor dem Aschermittwoch war also die Nacht vor dem Fasten. Und gab damit der volkstümlichen Faschingszeit, die vorher liegt, den Namen. Und Karneval wird oft als vulgärlateinisches „carne vale" gedeutet, was landläufig „Fleisch, ade" bedeutet. Als in der Spätantike Weihnachten ebenfalls einen hohen Stellenwert als kirchliches Fest gewann, wurde auch hier ein Vorbereitungsfasten geübt. Es begann am Tag des heiligen Martin, dem 11. 11., und schloß noch den Heiligen Abend ein. Später wurde diese Fastenzeit verkürzt und als Advent, die Zeit der Erwartung, bezeichnet. Heute ist in der katholischen Kirche der Advent keine Fastenzeit mehr, aber zwei Indizien für diese früheren Regeln sind noch lebendig. Erstens die rheinische Karnevalskultur, die den Beginn des Faschings mit 11. 11. ausruft, was in den Alpenländern, durch TV und Wirtschaft gefördert, schon als bodenständiges Brauchtum betrachtet wird, obwohl zum Beispiel in Österreich traditionell der Fasching mit der Silvesternacht beginnt. Zweitens gibt es am Heiligen Abend, der bereits als Fest gefeiert wird, noch als Traditionsspeise weit verbreitet Fisch und Süßspeisen, obwohl heute der 24. Dezember nur bis Mittag als kirchlicher Fasttag gesehen wird. Gerade die Wiener bürgerliche Küche beging bis in die Zwischenkriegszeit den Heiligen Abend mit dem klassischen Abendessen des „Schwarzfisches", einer ursprünglich böhmisch-jüdischen Karpfenspezialität, und anschließend mit dem Dessert handgemachter Mohnnudeln aus Kartoffelteig, reichlichst mit Butter und Zucker gekrönt. Noch nach dem Ersten Weltkrieg kannte das katholische Kirchenjahr 148 Fasttage, die zum Beipiel in Wien und dem angrenzenden Bundesland Niederösterreich sogar durch administrative Polizeiverordnungen für die Gastronomie verpflichtend waren. Der Paragraph 2480 von 1829 lautete dazu:

„Die Gastwirte, Traiteurs und Garköche sind verpflichtet, an Fasttagen für ihre Gäste in der Regel Fastenspeisen zuzubereiten. Und nur als Ausnahme ist es ihnen gestattet, auf besonderes Verlangen, jedoch in einem abgesonderten Zimmer, oder wo es an Gelegenheit hierzu mangelt, wenigstens auf einem abgesonderten Tische auch Fleischspeisen abzureichen."

Übrigens auch das auf die Eucharistie vorbereitende Fasten, das eine lange Geschichte hat, war bis vor einigen Jahrzehnten noch so vorgeschrieben, daß die Gläubigen vor der sonntäglichen Kommunion ab Mitternacht nichts zu sich nehmen durften, nicht einmal Wasser. Erst Pius XII. hat diese Spanne auf drei Stunden verkürzt und auch das Wassertrinken gestattet. Derzeit ist die Fastenspanne noch weiter gemildert: Eine Stunde vor Empfang der Kommunion darf heute nichts mehr gegessen werden. Es gibt viele Erinnerungen an die strengeren Zeiten, vor allem bei damaligen „Erstkommunionskindern". Die in diesem Alter noch problembehaftete Askese, gemischt mit der kindlichen Aufregung während der kirchlichen Zeremonie, führte manchmal zu kleinen Tragödien, denn etlichen Kindern wurde übel.

Vieles hat sich geändert. Auch die Theologische Realenzyklopädie weist darauf hin, daß die Fastenordnung heute sehr flexibel geworden ist. Um einen kleinen Überblick über die heutigen Anschauungen zu gewinnen, dient ein Besuch bei Pater Raynald im Stift Heiligenkreuz nahe Wien, einem Zisterzienserkloster, dessen Ordensregeln im wesentlichen auf die Regeln des heiligen Benedikt zurückgehen. „Sich selbst verleugnen, um Christus nachzufolgen, den Leib züchtigen, kein genießerisches Leben führen und das Fasten lieben", so zitiert Pater Raynald die Aussagen des heiligen Benedikt zum Thema Fasten und erklärt dazu: „Fasten darf kein Selbstzweck sein, sondern nur ein Mittel, um eine größere Liebe zu Christus zu bekommen, eine Vorbereitung, um das Heilige in sich aufzunehmen."

Die strengen Fasttage im Kloster sind – genauso wie für den Laien – Karfreitag und Aschermittwoch. Daneben werden aber das ganze Jahr über Mittwoch und Freitag als fleischfreie Tage gehalten. In der Zeit vom 14. September bis Ostern ist auch der Montag ein fleischfreier Tag. Ein Mönch, der freiwillig, also darüber hinaus fasten will, darf dies nur mit ausdrücklicher Erlaubnis des Oberen beginnen, denn: „Der Gehorsam ist wichtiger als das Opfer." Er selbst, so erzählt Pater Raynald, rät dem Mitbruder oft, nicht zu fasten: „Iß lieber, sei ausgeglichen, freundlich, hilfsbereit und bleib gesund, als daß du durch Fasten Schaden erleidest." Fleischverzicht allein bedeutet für manche Mönche keine Einschränkung, denn auch Gemüse- oder Süßspeisen können köstlich sein. Da aber schon der heilige Benedikt zum Thema Fasten die Regel aufstellte: „Entziehe deinem Leib etwas an Speise und Trank, an Schlaf, Geschwätzigkeit und

Ausgelassenheit", hat auch das Fasten im Klosterleben viele Facetten und Dimensionen. Vor allem das Silentium nocturnum wird streng eingehalten: Vom letzten Abendgebet bis in den Morgen, nach der Laudes, halten sich alle an das Schweigegebot. Auch in den Regularräumen, den Klausurräumen, wird das Silentium befolgt. Der Schlafverzicht wird in der Fastenzeit geübt, der Mönch nimmt sich mehr Zeit für die geistliche Lesung, für das Gebet. Im Grunde, meint Pater Raynald, ist das Fasten eine sehr individuelle Sache. Jeder entscheidet sich für ein Opfer, das ihm entspricht.

In diesem Sinne hat sich auch die Weltkirche mit ihren Fastenvorschriften und dem Fastengedanken orientiert. Die Theologische Realenzyklopädie sagt: „Nach dem Zweiten Vatikanischen Konzil wurde durch Paul VI. das Fasten in einer Konstitution neu geordnet. Hiernach sind alle Freitage und Aschermittwoch Tage der Buße und damit Tage einer gewissen Zucht; Fasten und Abstinenz werden für Aschermittwoch und Karfreitag verlangt. Die Abstinenzforderung gilt für ein Alter zwischen 14 und 60 Jahren." Unter Abstinenz wird heute nicht nur einfach die Enthaltung von warmblütigem Fleisch verstanden, sie könnte auch die Enthaltung von anderen beliebten Nahrungs- und Genußmitteln bedeuten. Im Vordergrund der kirchlichen Überlegungen stehen aber heute eher die Bedeutung des Opfers zugunsten anderer Mitmenschen oder Notleidender. Somit ist Fasten eigentlich wieder das, was es im Grundgedanken war: eine eigene Verantwortung des Menschen, ein bewußter Verzicht auf Genüsse oder überflüssige Gewohnheiten, ein selbstbestimmtes Regeln sozialer Verantwortung.

Nudeln und Strudel

WASSERSPATZEN

300 g Mehl, ¹/4 l Wasser, 1 Prise Salz, 1 Ei, 60 g Butter,
1 Bund Petersilie oder andere Kräuter
In einer Rührschüssel Ei, Mehl, Wasser und Salz zu einem
glatten Teig vermengen. Salzwasser zum Sieden bringen,
kleine Spätzle (Nockerln) abstechen und einlegen. (Einfacher und schneller geht das mit einem Spätzlesieb, durch das
man den Teig in das siedende Wasser drückt.) Nur kurz
ziehen lassen, wenn die Wasserspatzen nach oben schwimmen, werden sie abgeseiht. Die Wasserspatzen in heißer Butter schwenken. Mit Petersilie bestreuen und servieren. Dazu
Salat reichen.

SPÄTZLE MIT EI (EIERNOCKERLN)

300 g Mehl, ¹/4 l Milch, 2 Eier, 30 g Butter, 1 Prise Salz, etwas
Öl. Eierguß: 3 Eier, 1 Eßlöffel Milch, Pfeffer, Salz
Die Butter zerlassen und mit den übrigen Zutaten zu einem
weichen Teig vermengen. Salzwasser zum Sieden bringen,
Spätzle einkochen. Die abgeseihten Spätzle mit kaltem Was-
ser kurz abschrecken, damit sie nicht aneinanderkleben.
Die Eier in einer Schüssel mit Milch, Pfeffer und Salz gut
verrühren. Öl in einer Pfanne heiß werden lassen, Spätzle
hineingeben, kurz anrösten, damit sie gut heiß sind. Die
Eiermischung über die Spätzle gießen, unter ständigem
Rühren zum Stocken bringen. Mit Salat servieren.

KÄSKNÖPFLE (KÄSESPÄTZLE)

500 g Mehl, Salz, Muskat, 5 Eier, ¹/₈ l Wasser, 1 Teelöffel Öl,
250 g Hartkäse (am besten mehrere Sorten mischen,
Emmentaler sollte auf jeden Fall dabei sein), 1 Zwiebel,
120 g Butter, 1 Eßlöffel Mehl
Zwiebel schneiden und in der Butter rösten. Käse reiben.
Aus Mehl, Eiern, Salz, Muskat und Wasser einen festen Teig
schlagen und 15 Minuten ruhen lassen. In einem großen
Topf reichlich Wasser mit etwas Salz und 1 Teelöffel Öl zum
Kochen bringen, den Teig durch ein Spätzlesieb ins Wasser
drücken, kurz aufkochen lassen und die Knöpfle abseihen. In
eine Schüssel immer eine Schicht Knöpfle und eine Schicht
Käse geben. Zuletzt wird noch ein kleiner Schöpflöffel vom
Kochwasser über die Masse gegossen. Dann kommen die
gerösteten Zwiebel darüber. Zu den Käsknöpfle wird Kartoffelsalat oder grüner Salat serviert.

KRAUTKNÖPFLE (KRAUTSPÄTZLE)

500 g Mehl, Salz, Muskat, 5 Eier, ¹/₈ l Wasser,
500 g Sauerkraut , Öl zum Anbraten
Die Knöpfle nach dem Grundrezept zubereiten, in Salzwasser einkochen, abseihen, in kaltem Wasser kurz abschrecken.
Das Sauerkraut ein paarmal durchschneiden. Öl in einer
Pfanne erhitzen, das Sauerkraut darin anrösten. Die Knöpfle
dazugeben und im Backofen gut durchbraten lassen.

KRAUTFLECKERLN

1 Weißkohlkopf (Krautkopf), 100 g Zwiebel, 2 Eßlöffel Butter,
2 Eßlöffel Zucker, Salz, Pfeffer, 1 Teelöffel Kümmel ,
350 g Teigwaren (Fleckerln)

Vom Weißkohl den Strunk entfernen. Blätter in Streifen schneiden. Zwiebel fein schneiden, in Butter anrösten. Den Zucker dazugeben und mitrösten. Nun den geschnittenen Weißkohl hinzufügen. Mit Pfeffer, Salz und Kümmel würzen, mit etwas Wasser oder Suppe aufgießen und weich dünsten lassen. Die Teigwaren in reichlich Salzwasser kochen, abseihen und mit dem gedünsteten Weißkohl vermischen.

QUARK-(TOPFEN-)FLECKERLN

100 g Butter, 300 g Quark (Topfen), 2 Eier, Salz, Pfeffer, eventuell 1 Becher Crème fraîche und Petersilie (oder andere Kräuter), 350 g Teigwaren (Fleckerln), Butter und Brösel für die Form
Teigwaren in Salzwasser nicht zu weich kochen, abseihen und mit kaltem Wasser abschrecken. In einer Rührschüssel die Butter weich rühren, Eier, Salz, Pfeffer und Quark dazugeben, gut durchmischen. Die Masse kann mit gehackter Petersilie (oder anderen Kräutern) und einem Becher Crème fraîche verfeinert werden. Die gut überkühlten Teigwaren dazugeben, gut durchmischen. Eine Auflaufform mit Butter einfetten und mit Bröseln bestreuen. Die Masse einfüllen und im Backofen bei mittlerer Hitze etwa 45 Minuten backen. Zur fertigen Speise serviert man Salat.

KRAUTKRAPFEN
Ein Rezept aus Vorarlberg

300 g Mehl, Salz, 1 Ei, $^1/_{16}$ l Wasser, 250 g gekochtes Sauerkraut (dafür eignen sich vorzüglich Reste vom Vortag), Margarine zum Herausbacken, $^1/_4$ l Milch
Mehl, Salz, Ei und Wasser zu einem glatten Teig verkneten. Den Teig dünn ausrollen und etwa 10 mal 10 cm große Vier-

ecke ausschneiden. In die Mitte jedes Vierecks einen Eßlöffel gekochtes Sauerkraut legen und die Vierecke fest zu einem Päckchen verschließen, damit keine Fülle austreten kann. In einer Bratpfanne Margarine heiß werden lassen und die Teigtaschen darin auf beiden Seiten anbraten. Danach mit der Milch aufgießen und zehn Minuten sanft köcheln lassen.

CANNELLONI MIT GEMÜSEFÜLLUNG
Ein Rezept aus dem Lustenauer Kochbuch

8 Cannelloni, Salz, 350 g Brokkoli, 1 Zwiebel, 350 g Karotten, etwas Butter, 50 g geriebener Hartkäse, Salz, Pfeffer, Oregano, etwas Margarine, 1/4 l saure Sahne (Sauerrahm), 50 g geriebener Käse (Hartkäse oder Mozzarella in Scheiben), 50 g gehackte Sonnenblumenkerne

Cannelloni in Salzwasser etwa 5 Minuten kochen und herausnehmen. Brokkoli in Röschen zerteilen und in Salzwasser vorkochen. Zwiebel fein hacken, Karotten raspeln. Butter in einer Pfanne erhitzen, Zwiebel andünsten, Karotten dazugeben, mit Pfeffer, Salz, Oregano würzen, 5 Minuten dünsten lassen. Brokkoli hineingeben und weich dünsten. Den geriebenen Käse unterheben und die Masse überkühlen lassen. Auflaufform einfetten. Die Cannelloni mit der Gemüsemasse füllen und in die Form legen. Sahne gut abrühren und darübergießen, Käse darüberstreuen. Bei 200 Grad etwa 30 Minuten backen. Vor dem Servieren mit Sonnenblumenkernen bestreuen.

GEMÜSELASAGNE
Ein Rezept für fleischlose Tage aus dem Kloster Heiligenkreuz

250 g Lasagneblätter. Für die Füllung: 1 Aubergine, 1–2 Zucchini, 2 Eßlöffel Salz, etwas Öl. Für die Béchamelsoße:

40 g Butter, 1 Zwiebel, 40 g Mehl, $^1/_2$ l Milch, Salz, Pfeffer,
3 Eßlöffel Parmesan, etwas Butter, Semmelbrösel
Aubergine in Scheiben schneiden, in eine Schüssel legen und kräftig mit Salz bestreuen. Eine halbe Stunde stehenlassen. Die braune Flüssigkeit abgießen, die Scheiben abwaschen und abtrocknen. Zucchini in Scheiben schneiden. Öl in einer Pfanne erhitzen, Auberginenscheiben von beiden Seiten kurz anbraten. Danach in derselben Pfanne Zucchini kurz anbraten. Zwiebel fein schneiden, glasig anrösten, mit Mehl stauben und unter ständigem Rühren mit Milch aufgießen. Salz und Pfeffer zugeben und auf kleinster Flamme 5 Minuten leicht köcheln lassen. Eine Auflaufform einfetten und mit Semmelbröseln bestreuen. Den Boden mit Béchamelsoße ausgießen, mit Lasagneblättern belegen, darauf eine Schicht Gemüse, diese wiederum mit einer Schicht Béchamelsoße gut abdecken. Mit etwas Parmesan bestreuen. Dann wieder Lasagneblätter auflegen. Den Abschluß bildet eine Schicht Lasagneblätter, die mit Béchamelsoße bedeckt und mit Parmesan bestreut wird. In den vorgeheizten Ofen schieben und bei mittlerer Hitze 30–45 Minuten backen, bis sich eine braune Kruste gebildet hat.

BRÖSELNUDELN

400 g Bandnudeln, 100 g Semmelbrösel, 70 g Butter, etwas Salz
(oder etwas Zucker zum Bestreuen)
In einer Pfanne die Butter zerlassen und die Semmelbrösel darin anrösten. Nudeln in Salzwasser kochen, abseihen und gut abtropfen lassen. In die Pfanne mit den gerösteten Semmelbröseln geben und gut durchmischen. Die Bröselnudeln werden ganz leicht gesalzen und mit Salat serviert oder aber überzuckert und mit Kompott gegessen.

KÄSENUDELN

400 g Bandnudeln, Salz, Pfeffer, 100 g geriebener Parmesan,
2 Eßlöffel Öl

Die Nudeln werden in Salzwasser weich gekocht und gut
abgetropft. Das Öl in einer Pfanne heiß werden lassen, die
Nudeln dazugeben und gut durchschwenken. Mit Parmesan
bestreuen.

EIERNUDELN

400 g beliebige Teigwaren, Öl zum Anbraten, 3 Eier, Salz,
Pfeffer, 2–3 Eßlöffel Milch

Die Teigwaren in Salzwasser weich kochen, gut abtropfen
lassen. Öl in einer Pfanne heiß werden lassen, die Teigwaren
dazugeben und kurz anrösten, damit sie richtig heiß sind. In
einer Schüssel die Eier mit der Milch kräftig verrühren, pfeffern und salzen. Die Eiermischung über die Teigwaren gießen, immer wieder durchrühren, bis die Eier gestockt sind.
Mit Salat servieren.

MOHNNUDELN

400 g Bandnudeln, 70 g Butter, 100 g geriebener Mohn,
1 Teelöffel Zimt, Zucker zum Bestreuen

Die Nudeln in Salzwasser weich kochen, gut abtropfen lassen. In einer Pfanne die Butter zergehen lassen, die Nudeln
gut durchschwenken. Den geriebenen Mohn mit Zimt dazugeben, durchmischen. Vor dem Servieren mit Zucker bestreuen.

STRUDEL

Grundrezept:
250 g glattes Mehl, eine Prise Salz, $^1/_8$ l lauwarmes Wasser,
1 Ei, 2 Eßlöffel Öl, Mehl zum Bestreuen, Margarine zum
Einfetten, Butterflöckchen für den Strudel
Mehl mit Salz, Ei und Wasser zu einem weichen Teig verarbeiten. Den Teig fest durchkneten, Öl dazugeben und noch einmal gut kneten oder schlagen, bis der Teig glatt ist. Den Teig zudecken und an einem warmen Ort eine halbe Stunde stehenlassen. Ein großes Tuch, am besten ein glattes Tischtuch, über einen Tisch breiten. Mehl daraufstreuen und mit der Hand dünn und gleichmäßig auf dem Tuch verteilen. Den Teig darauf mit einem Nudelholz dünn ausrollen. Anschließend mit beiden Handrücken unter den Teig greifen und den Teig vorsichtig noch dünner ausziehen. Nun werden bei fast allen Strudeln Semmelbrösel auf die Teigfläche gestreut und die vorbereitete Fülle darübergegeben. Die Querseiten des Teiges werden etwa 5–7 cm eingeschlagen, dann wird der belegte Teig von der Längsseite her eingerollt. Am besten geht das, indem man das Strudeltuch anhebt und den Teig vor sich herrollt. Strudel gut verschließen, auf ein gefettetes Backblech legen, Butterflöckchen daraufsetzen und bei mittlerer Hitze etwa 20 Minuten backen. Schneller (und problemloser) sind zweifellos fertige Strudelteigblätter.

Die Füllungen können süß oder pikant sein. Hier einige Beispiele:

KARTOFFELSTRUDEL

Fertige Strudelblätter oder Grundrezept für Strudel.
Fülle: 400 g Kartoffeln, 1 Zwiebel, Öl, 2 Eier, Salz, Pfeffer,

Muskat, Majoran, 40 g Butter, 2 Eßlöffel Sahne (Obers) oder Crème fraîche, 1 Handvoll Semmelbrösel
Kartoffeln kochen, schälen, passieren, abkühlen lassen. Zwiebel fein schneiden und in etwas Öl rösten. In einer nicht zu kleinen Schüssel Butter schaumig rühren, 2 Dotter dazugeben, gut durchrühren. Mit den passierten Kartoffeln und den Gewürzen vermischen. Die 2 Eiklar zu einem festen Schnee schlagen und unter die Masse geben. Mit dieser Kartoffelmasse den Strudelteig bestreichen, einrollen und im Ofen backen. Der Strudel kann mit Butterflöckchen belegt oder auch mit verschlagenem Ei bestrichen werden, damit er schön braun wird.

KRAUT-(WEISSKOHL-)STRUDEL

Fertige Strudelblätter oder Grundrezept für Strudel.
Fülle: 500 g feingeschnittener Weißkohl (Kraut), Butter, 1 Zwiebel, Salz, Pfeffer, Muskat, 1/2 Becher Crème fraîche, 3–5 Eßlöffel Semmelbrösel
Zwiebel schneiden und in Butter anrösten, das geschnittene Kraut dazugeben, würzen und weich dünsten. Crème fraîche unterrühren und die Fülle überkühlen lassen. Strudelteig mit Semmelbröseln bestreuen, Fülle daraufgeben, einrollen, Butterflöckchen daraufsetzen und bei mittlerer Hitze bakken.

BROKKOLISTRUDEL

Fertige Strudelblätter oder Grundrezept für Strudel.
Fülle: 450 g Brokkoli, Pfeffer, Salz, Muskat, 100 g geriebener Hartkäse, 1 Handvoll Semmelbrösel, 1 Ei
Brokkoli waschen, schneiden und in Salzwasser weich kochen, gut abtropfen lassen. Den Strudelteig mit Semmelbrö-

seln dünn bestreuen, Gemüse darauflegen, würzen, den geriebenen Käse darüberstreuen. Den Strudel zusammenrollen, mit gut verschlagenem Ei bestreichen und etwa eine halbe Stunde backen. Wenn vom Ei noch etwas übriggeblieben ist, nach der halben Backzeit den Strudel noch einmal damit bestreichen.

GEMÜSESTRUDEL

Fertige Strudelblätter oder Grundrezept für Strudel.
Fülle: 300–400 g Gemüse nach Jahreszeit, Geschmack oder Möglichkeit (auch Tiefkühlgemüse), 3 Eßlöffel Crème fraîche, Semmelbrösel, eventuell Haferflocken, eventuell geriebener Hartkäse
Gemüse kernig-weich dünsten und würzen, gut abtropfen lassen. Crème fraîche unterrühren und überkühlen lassen. Wenn die Masse zu weich ist, einige Eßlöffel Semmelbrösel oder Haferflocken dazugeben. Den Strudelteig mit der Gemüsefülle belegen, eventuell mit etwas geriebenem Käse bestreuen, zusammenrollen und goldbraun backen.

APFELSTRUDEL

Fertige Strudelblätter oder Grundrezept für Strudel.
Fülle: 1 kg Äpfel, Zucker nach Geschmack (das können 4 Eßlöffel sein, aber auch 10), Zimt, eine Prise Nelkenpulver, 70 g Rosinen, eventuell gehackte Nüsse, 100 g Semmelbrösel
Äpfel schälen und blättrig schneiden. Den Teig mit Semmelbröseln, Äpfeln, Zucker, Zimt, Nelken, Rosinen und eventuell Nüssen bestreuen. Zum Schluß noch eine dünne Schicht Semmelbrösel darüberstreuen und einrollen. Strudel mit Butterflöckchen besetzen und backen.

TOPFEN-(QUARK-)STRUDEL

Fertige Strudelblätter oder Grundrezept für Strudel.
Fülle: 300 g Quark (Topfen), 1 Ei, 120 g Zucker, 1 Päckchen
Vanillezucker, Saft einer halben Zitrone, 50 Rosinen.
Für die Eiermilch: 1/4 l Milch, 1 Ei, 2 Eßlöffel Zucker
Quark glattrühren, Ei, Zucker und die restlichen Zutaten
dazugeben und gut durchmischen. Die Fülle auf den Strudelteig streichen, Strudel einrollen, Butterflöckchen daraufsetzen und bei mittlerer Hitze goldgelb backen. Milch, Ei
und Zucker gut verquirlen und nach einer guten halben
Stunde Backzeit über den Strudel gießen. Der Strudel ist
fertig, wenn die Eiermilch gestockt ist.

Betrachtungen

über die Sehnsucht nach dem Brot

Verschieden sind die Gründe, die den Menschen zum Fasten führen. Genauso wie es für jeden Menschen eine eigene Erfahrung bedeutet, wenn er fastet. Jeder erlebt es auch verschieden. Deshalb wäre es fast unmöglich, Anleitungen zum Fasten zu geben im Glauben, es fühle dann ein anderer Gleiches. Was man tun kann und soll, ist höchstens dies: eigene Erfahrungen beschreiben, um anderen Mut zu machen, ebenfalls das Abenteuer des Fastens anzutreten, weil man weiß, wie befreiend Fasten wirken kann. Es könnte aber auch sein, daß Fasten zu keinerlei Befreiung führt, da man das Ziel des Fastens aus dem Auge und aus dem Wollen verloren hat. Es gibt eine Geschichte, die dieses gescheiterte Fasten dramatisch schildert. Die Geschichte ist bei Franz Kafka nachzulesen. Sie handelt von einem Hungerkünstler in einem Zirkus. Er wird völlig vergessen. Eines Tages wird er in einem verlassenen Winkel seines Käfigs aufgestöbert.

„Ein Aufseher fragte ihn: ‚Du hungerst noch immer? Wann wirst du endlich aufhören?‘ – ‚Verzeiht mir alle‘, flüsterte der Hungerkünstler; nur der Aufseher, der das Ohr an das Gitter hielt, verstand ihn. ‚Gewiß‘, sagte der Aufseher und legte den Finger an die Stirn, um damit den Zustand des Hungerkünstlers dem Personal anzudeuten, ‚wir verzeihen dir.‘ – ‚Immerfort wollte ich, daß ihr mein Hungern bewundert‘, sagte der Hungerkünstler. ‚Wir bewundern es auch‘, sagte der Aufseher entgegenkommend. ‚Ihr solltet es aber nicht bewundern‘, sagte der Hungerkünstler. ‚Nun, dann bewundern wir es also nicht‘, sagte der Aufseher, ‚warum sollen wir es denn nicht bewundern?‘ – ‚Weil ich hungern muß, ich kann nicht anders‘, sagte der Hungerkünstler. ‚Da sieh mal einer‘, sagte der Aufseher, ‚warum kannst du denn nicht anders?‘ – ‚Weil ich‘, sagte der Hungerkünstler, hob das Köpfchen ein wenig und sprach mit wie zum Kuß gespitzten Lippen gerade in das Ohr des Aufsehers hinein, damit nichts verlorenginge, ‚weil ich nicht die Speise finden konnte, die mir schmeckt. Hätte ich sie gefunden, glaube mir, ich hätte kein Aufsehen gemacht und mich vollgegessen wie du und alle.‘ Das waren die letzten Worte, aber noch in seinen gebrochenen Augen war die feste, wenn auch nicht mehr stolze Überzeugung, daß er weiterhungere.“

Soweit die etwas gekürzte Geschichte, die vor allem den Schluß zuläßt, daß man sich im Fasten auch die Sehnsucht nach dem Brot bewahren muß. Denn der Mensch ist in Wirklichkeit ein Wesen, das zur Sättigung berufen ist. Es gibt zwar das solidarische Fasten mit den Hungernden, es muß aber auch die solidarische Sehnsucht geben, unablässig für die Sättigung der Menschen zu sorgen, gemäß des Auftrags Jesu von Nazareth: „Gebt ihnen zu essen.“ So ist das geistige Fasten vor allem auch die Aufgabe, für die Sättigung der Hungrigen zu sorgen, obwohl für einen Christen das Ziel erst dann erreicht ist, wenn er seinen Hunger in Gott stillen kann.

Fasten, politisch

Oder: Ein Hungerstreik ist keine Nulldiät

Fasten erscheint uns als strenges Wort. Diät geht uns leichter über die Lippen. Obwohl das Wort „Diät" ursprünglich etwas ganz anderes bedeutet. Diät meint Kranken- beziehungsweise Aufbaukost, also eine Nahrungsverordnung, die geschwächte Körper stärken, Unterernährte wieder zu Kraft und Gewicht bringen soll. Stärkungskost eben. Abgesehen von medizinischen Sonderfällen verstehen wir das nicht mehr so. Wir sind – einzeln und als Gesellschaft – ohnehin schon längst übergewichtig. Sogar dort, wo als ärztliche Therapie der totale Nahrungsentzug, also das strengste Fasten angesetzt wird, sprechen wir euphemistisch von Nulldiät.

Diät ist chic. Sie wird uns auf Illustriertenseiten, prächtig fotografiert, schmackhaft gemacht. Sie lockt mit exotischen Früchten, zartesten Filetstücken, erlesensten Gemüsen, sie läßt sich etwas kosten. Und sie dient vor allem unserer Eitelkeit. Denn es herrscht der Wahn, daß nur Menschen mit Idealgewicht (was ist das?) und Modelmaßen erfolgreich sein können.

Fasten hingegen schmeckt noch immer nach Strafe.

Ganz anders als in Deutschland, wo „Zuchthäuser" schon lange abgeschafft wurden, wurde in Österreich erst nach der Strafrechtsreform 1968 der Fasttag aus dem Strafvollzug entfernt. Neben Dunkelhaft und hartem Lager war er die Zusatzauflage, die für den Verurteilten aus „Kerkerhaft" „schweren Kerker" machen sollte. Bei „Wasser und Brot" eingesperrt zu sein, das ist noch immer ein Schlagwort und Zitat. Auch als Erziehungsmethode für Kinder und Jugendliche wurde es bis in jüngste Vergangenheit (vielleicht auch noch heute?) geübt. „Marsch ins Bett ohne Nachtmahl!" oder „Der Nachtisch ist gestrichen!" sind als pädagogisch sehr umstrittene Erziehungsmaßnahmen Erinnerungen, die aus begüterten Bürgershäusern genauso stammen wie aus klassenbewußten Proletarierfamilien.

Es gab auch eine Zeit, in der das Fasten als politische Demonstration Mode geworden war. Hungerstreik, das war in den sechziger Jahren eine gängige Form der Öffentlichkeitsarbeit für radikale Gruppierungen, die – und es ging zumeist um gute und wichtige Anliegen – ein öffentliches Gemeinschaftshungern in Straßenpassagen oder Parkanlagen abhielten. Ein erfahrener Journalist, damals junger innenpolitischer Redakteur einer Zeitung, erzählt dazu, daß die redaktionelle Reaktion auf die Ankündigung solcher Aktionen schon routinemäßig war: „Rufen Sie uns in drei Tagen an, dann kommen wir, um darüber zu berichten!" Das war weniger Zynismus als das Wissen darum, daß es einigen dieser Gruppen auch nur darum ging, mit Foto in die Zeitung zu kommen. Wenn die Tagespresse sich verabschiedet hatte, rollten sie ihre Schlafsäcke zusammen und packten die Wurstbrote aus.

Vorbild für dieses „Politfasten" war zweifelsohne „die große Seele", Mahatma Ghandi. Schon der junge Ghandi war von seiner Mutter, einer dem Dschainismus nahestehenden Frau, beeinflußt. Deren strenge Fastenaskese hatte sicher prägend gewirkt. Ghandi legte bereits als Student für Lebenszeit ein vegetarisches Fastengelübde ab. Ebenso – obwohl er verheiratet war – übte er von jungen Jahren an strengste sexuelle Enthaltsamkeit. Berühmt wurde Ghandi unter anderem auch dadurch, daß er in seinem pazifistischen Widerstand gegen staatliche Gewalt und in seinen aufopfernden Bemühungen um die religiöse und politische Einheit und Toleranz Indiens mehrfach zu fasten begann, wobei er sich darauf eingelassen hätte, auch seinen Tod durch Verhungern in Kauf zu nehmen. Dieser Form des politischen Widerstands waren seine Gegner recht hilflos ausgeliefert. Bewunderung hat es ihm nicht überall eingebracht. Winston Churchill sprach mehrfach verächtlich über ihn als „einen dahergelaufenen nackten Fakir", mit dem er sich nun auseinandersetzen mußte. Verständlich, der britische Politiker war übergewichtig, der Prototyp des Fleischessers, Alkoholfreund, und die dicke Zigarre war ihm schon zum Markenzeichen geworden. So wurde Churchill, geschichtlich betrachtet, zum Symbol imperialer Machtpolitik, der asketische Fakir Ghandi zum Sinnbild des gewaltlosen Widerstands und der Nächstenliebe.

Apropos Zigarre ... Der italienische Schriftsteller Giovanni Guareschi hat zwei unvergeßliche Figuren geschaffen, von denen eine in einer Episode ebenfalls vom Ghandiismus befallen wird. Don Camillo, der Priester des kleinen Dörfchens in der Poebene, ein Hüne von Gestalt, mit Muskeln aus Stahl, zügelt sich oft genug für allzu leidenschaftliches politisches Gerangel gegen seinen roten Intimgegner und Erzfreund, den kommunistischen Bürgermeister Peppone, mit freiwilliger Askese. Als armer Pfarrer enthält er sich zum Beispiel der von ihm so geliebten Zigarren. Doch nach einer besonders massiven und auch handfesten Auseinandersetzung tritt er – für alle demonstrativ – im Pfarrhof in totalen Hungerstreik. Guareschi beschreibt das Leiden und die Hungerphantasien Don Camillos nicht nur literarisch brillant, sondern medizinisch korrekt. Regelmäßige ärztliche Bulletins, am Pfarramt angeschlagen, lassen Peppone und Genossen immer unruhiger werden. Auf dem Höhepunkt der freiwilligen Hungerkrise wird Don Camillo durch seinen wichtigsten Gesprächspartner erlöst. „Iß, Camillo", sagt ihm in der Nacht der Gekreuzigte. Worauf sich der Hungerkünstler an die Vorratsschränke macht und diese bis zum letzten Bissen leert. Peinlicherweise erreicht eine nächtliche Rettungsexpedition unter der Führung des Bürgermeisters den nun selig Schlummernden und beginnt überfallsartig mit einer zusätzlichen opulenten Zwangsernährung. Die Folgen für Don Camillo: weiteres tagelanges Leiden und Bettlägerigkeit. Zufrieden betrachten die Kommunisten wiederum die ärztlichen Bulletins über Blutdruck, Fieber, Magenkrämpfe. Guareschis Satire ist hier vielschichtig und mehrdeutig zu bewerten, aber die alte Fastenregel „Du sollst nicht öffentlich mit deinem Fasten prahlen" bewahrheitet sich in dieser Geschichte in pittoresker Weise.

Doch zurück zum politischen Fasten. Besser gesagt, zum Fasten als letzte persönliche Waffe. Erst kürzlich war Zeitungsberichten zu entnehmen, daß der Hungerstreik in österreichischen Gefängnissen wieder zur Methode der Wahl geworden ist. Nämlich für Flüchtlinge und Asylanten, vor allem aus afrikanischen und asiatischen Ländern, die sich in der sogenannten Schubhaft befinden. Viele dieser Menschen, die sich einer unbarmherzigen und für sie unverständlichen Bürokratie gegenübersehen, greifen zu diesem Mittel, gegen das – so wird berichtet – die Gefängnisbürokratie letztlich hilflos ist. Zwangsernährung darf (zumindest offiziell) nicht angewendet werden, und auch andere ruppige Methoden schrecken die Betroffenen nicht entscheidend. Ab einer bestimmten Gewichtsabnahme und einem ärztlich festgestellten untersten Blutzuckerwert müssen die Häftlinge auf freien Fuß gesetzt werden. Diese aktuellsten Epigonen Ghandis sollten uns aber weniger polit-historisch interessieren, als vielmehr die Schamröte ins Gesicht treiben.

Pfannkuchen (Palatschinken)

Grundrezept:
200 g Mehl, 1 Prise Salz, 1 Ei, $^3/_8$ l Milch, etwas Öl
Mehl, Salz, Ei und die Milch in eine (hohe) Rührschüssel
geben und gut durchrühren. Es muß ein dünnflüssiger, glatter Teig entstehen. Ist der Teig zu dick, etwas Milch, besser
aber noch etwas Wasser zusetzen. Den Teig eine halbe Stunde stehenlassen, dann noch einmal gut durchrühren. In einer
Stielpfanne etwa einen Eßlöffel Öl sehr heiß werden lassen.
Nur einige Eßlöffel Teig in die Mitte der Pfanne geben. Die
Pfanne drehen, damit der Teig auseinanderfließt und den
Pfannenboden bedeckt. Auf voller Flamme rasch backen, mit
einer Backschaufel umdrehen und auf der anderen Seite
ebenfalls backen. Die Pfannkuchen müssen eine goldbraune,
marmorierte Farbe bekommen.

PFANNKUCHEN MIT MARMELADE

Die Pfannkuchen werden dünn mit Marmelade bestrichen,
eingerollt und mit Zucker bestreut. Das kann in der Küche
vorbereitet werden, aber auch bei Tisch geschehen.

PFANNKUCHEN MIT QUARK

Grundrezept für den Teig.
Fülle: 300 g fettreicher Quark (Topfen), 120 g Zucker,
50 g Rosinen, Vanillezucker, Saft einer halben Zitrone
Quark glattrühren und mit den übrigen Zutaten vermischen.
Die Pfannkuchen damit füllen, einrollen, mit Zucker bestreuen und servieren.

GEBACKENE QUARKPFANNKUCHEN
(TOPFENPALATSCHINKEN)

Grundrezept für den Teig.
Fülle: 300 g Quark (Topfen), 120 g Zucker, 1 Päckchen
Vanillepuddingpulver, 2 Eßlöffel Grieß, 2 Eier, 50 g Rosinen,
5 Eßlöffel Milch, Margarine zum Ausfetten. Decksoße:
$^1/_2$ l Milch, 1 Ei
Eier trennen, Eiklar steif schlagen. Quark glattrühren, Zukker, Dotter, Rosinen, Milch, Puddingpulver und Grieß dazugeben und gut durchrühren. Den Eischnee vorsichtig unterheben. Eine Auflaufform ausfetten, die Pfannkuchen mit der Quarkmasse füllen und eng aneinander in die Form legen. Milch und Ei gut durchmischen und über die Pfannkuchen gießen. Im vorgeheizten Ofen bei mittlerer Hitze backen, bis die Milchmasse gestockt ist. Vor dem Servieren eventuell mit Zucker bestreuen.

KARTOFFELPFANNKUCHEN

Grundrezept für den Teig.
Fülle: 400 g Kartoffeln, 1 Zwiebel, etwas Öl, 150 g
Champignons, 1 Ei, Salz, Pfeffer, Muskat, Majoran, Petersilie,
3 Eßlöffel saure Sahne (Sauerrahm), 3 Eßlöffel Margarine
Kartoffeln kochen, schälen, heiß zerdrücken oder passieren. Kleingeschnittene Zwiebel in etwas Öl anrösten, die blättrig geschnittenen Champignons dazugeben und kurz mitdünsten. Kartoffeln mit Zwiebel, Champignons, Petersilie, Ei und saurer Sahne gut durchmischen. Mit den Gewürzen abschmekken. Eine Auflaufform einfetten. Pfannkuchen mit der Kartoffelfülle bestreichen, einrollen und in die Form legen. Margarineflocken darauf verteilen und im vorgeheizten Ofen bei mittlerer Hitze etwa 20 Minuten backen. Dazu paßt Salat, eventuell auch cremiggerührter Quark mit frischen Kräutern.

GEMÜSEPFANNKUCHEN

Grundrezept für den Teig.
Gemüsepfannkuchen können je nach Saison, Möglichkeit
und Geschmack mit den verschiedensten Gemüsen und Gemüsemischungen gefüllt werden. Der Phantasie im Kombi-
nieren sind hier keine Grenzen gesetzt. Übrigens, alle Stru-
delfüllungen (siehe Seite 131 bis 133) eignen sich auch zum
Füllen von Pfannkuchen.
Hier noch einige andere Beispiele:

SPINAT-CHAMPIGNON-PFANNKUCHEN

Grundrezept für den Teig.
30 g Butter, 1 Zwiebel, 200 g Champignons, 200 g gekochter
und feingehackter Spinat (oder Tiefkühlspinat), 2 Eigelb, 50 g
Pinienkerne, 30 g Parmesan, Salz, Pfeffer, Muskat, 6 Eßlöffel
Tomatenmark (nach Geschmack auch etwas mehr); etwas
Margarine
Kleingeschnittene Zwiebel in Butter anrösten, blättrig geschnittene Champignons dazugeben. Spinat, Eigelb, Pinienkerne hinzufügen, gut durchmischen und mit den Gewürzen
abschmecken. Auflaufform ausfetten, Pfannkuchen mit dem
Gemüse füllen und in die Form schichten. Mit Tomatenmark und Parmesan bedecken und im vorgeheizten Ofen bei
mittlerer Hitze etwa 10 Minuten überbacken. Sofort servieren. Dazu paßt Salat.

ZUCCHINI-LAUCH-PFANNKUCHEN

Grundrezept für den Teig.
2 Stangen Lauch, 300 g Zucchini, 1 Knoblauchzehe, Pfeffer,
Salz, Rosmarin, Thymian (aber auch Petersilie, Basilikum,

Kräutermischung nach Belieben), etwas Öl, 2 Eßlöffel Crème
fraîche, Margarine. Decksoße: 30 g Butter, 40 g Mehl, 1/4 l
Milch, Salz, Pfeffer, 40 g geriebener Hartkäse oder Parmesan
Lauch in Ringe, Zucchini in Scheiben schneiden, Knoblauchzehe fein hacken. Lauch und Knoblauch in etwas Öl
kurz anrösten, Zucchini und Gewürze dazugeben und dünsten lassen, bis die Zucchini kernig-weich sind. Für die Soße
Butter in einem Topf zerlaufen lassen, Mehl darunterrühren,
mit Milch aufgießen, würzen. Leicht köcheln lassen, dabei
gut durchrühren, damit die Masse glatt wird. Zum Schluß
den geriebenen Käse daruntermischen. Eine Auflaufform
ausfetten, die Pfannkuchen mit der Gemüsemischung füllen
und in die Form legen. Die Decksoße darübergießen. Bei
mittlerer Hitze überbacken, bis die Decksoße schön braun
ist.

Betrachtungen

über die Selbsterkenntnis

Fasten ist eine eigene Leistung, also etwas Subjektives. Trotzdem kann der gläubige Mensch erkennen, daß Fasten auch ein Geschenk ist: eine Gnade, wie man früher gesagt hat. Fasten ist nämlich eine Bewegung. Eine Pendelbewegung zwischen dem Subjektiven und Objektiven. Einfacher gesagt: Um zu fasten, brauche ich zuerst einen Impuls oder eine Motivation. Diese Motivation kommt von außen, aber um das Fasten durchzuführen, muß der äußere Impuls sich in meinem Innern verfestigen, gleichsam zu einem Teil von mir werden. Sonst enden Impulse und Motivationen dort, wo sie im wahrsten Sinn des Wortes versanden, nämlich bei den Vorsätzen, denen man letztlich nicht treu bleibt. Aus dieser Erfahrung stammt die Erkenntnis: „Der Weg zur Hölle ist mit guten Vorsätzen gepflastert." Ich würde noch gerne hinzufügen: mit impuls- oder motivationsschwachen Vorsätzen. Vorsätzen, die aus einer falschen Selbsteinschätzung kommen. Am Beginn steht viel Energie, wie bei einem hochgezüchteten Automotor, der bei einer Wüstenrallye im Sand abstirbt. Um gut fasten zu können, muß man sich selbst gut kennen, deshalb die Forderung der Seelenkenner nach Selbsterkenntnis zu Beginn, dann kann man gegen jene Fehlhaltungen angehen, die änderbar sind. Zu oft gehen wir nämlich gegen Haltungen an, die unabänderlich mit uns verbunden sind. Wir dürfen uns dann nicht wundern, wenn wir frustriert feststellen müssen, daß es uns wieder einmal nicht gelungen ist, etwas abzustellen, was uns stört, und wenn es nur das Naschen von Mozartkugeln wäre.

Allerdings gibt es ein interessantes Phänomen, es gibt Motivationen, die sich nicht durchsetzen, wenn wir den Weg allein gehen. Und sei es ein noch so schöner Weg, allein gegangen, stellt er sich nicht als Kreuzgang, sondern als Kreuz- oder Holzweg heraus. Mit anderen zusammen aber wird der Weg gangbar, denn auch die bisweilige Nähe der anderen führt zu einer konsequenteren Härte sich selbst gegenüber. Das kommt wahrscheinlich davon, daß ein gemeinsam angestrebtes Ziel stärkere Anziehungskraft ausstrahlt. Wir kennen diese Erscheinung ja von Volkswandertagen oder Volksmärschen bis hin zu Marathonläufen. Solange man vor sich oder neben sich jemanden hat, ist die Gefahr und Mühe der Aufgabe nicht so groß, als wenn man mutterseelenallein durch die Gegend irrt, auch wenn noch so viele Markierungen am Wegrand angebracht sind. Deshalb ist verständlich, daß immer mehr „Faster" sich in Gruppen zusammentun, weil sie, mit demselben Ziel vor Augen, es leichter erreichen – es ist ja auch dann noch mühsam genug. Wahrscheinlich braucht es auch jemanden, der vorangeht und den Weg weist, selbst dann, wenn man glaubt, sich allein durch die langen Gänge des Lebens aufmachen zu können.

Von Fleisch und Macht

Oder: Selbstmord mit Messer und Gabel

Es gibt einen Witz unserer Zeit, der nach den gefährlichsten Tötungsinstrumenten unserer Gesellschaft fragt. Nein, die richtige Antwort ist nicht das Auto, die Überfülle an verfügbaren Schußwaffen oder andere klassische Mordinstrumente, die richtige Antwort lautet: Messer und Gabel.

Vor nicht allzu langer Zeit wurde ein provokantes gesundheitspolitisches Aufklärungsplakat verboten, das ein niedliches Hausschwein (allerdings mit hinterhältig-bösartigem Blick in Richtung des Betrachters) zeigt, und aus dessen Text hervorgeht, daß es sich bei der gezeigten Sau um das gefährlichste, weil für uns tödliche Tier handelt. Diese medizinische, ernährungskundliche Binsenweisheit durfte nach gerichtlichem Eingreifen entsprechender Lobbies jedoch nicht unters Volk der Schweinefleischesser gebracht werden.

Offensichtlich ist das Schweinerne eine Wirtschaftsmacht und als Lieblingsfleisch der Mitteleuropäer heilig. Die im Sommer 1994 veröffentlichte große Ernährungsstudie bestätigte den permanenten Fleischhunger unserer Gesellschaft, obwohl immer mehr Menschen zugeben, daß ihnen Fleisch gar nicht schmeckt. Trotzdem steht Fleisch täglich auf dem Speisezettel, denn Fleisch ist billig geworden, keine exklusive Festspeise mehr, sondern scheinbar unverzichtbare Alltagskost. Und, das geht ebenfalls aus der Untersuchung hervor, der Fleischhunger ist spezifisch männlich. Frauen, zeigt die Studie, würden viel häufiger als Männer fleischlos essen, beugen sich aber dem Diktat ihrer Patriarchen.

Es scheint im ersten Moment gewagt zu sein, hier eine direkte Linie von der Steinzeit bis heute zu ziehen. Es mag unzulässig sein, vom frühzeitlichen Jäger bis zum modernen Angestellten der Industriegesellschaft auf gleichgebliebene atavistische Geschmacksrichtungen hinzuweisen, aber wie sollte man es besser erklären? Die schrecklichen Hungerszeiten der beiden Weltkriege und deren Folgejahre in diesem Jahrhundert waren sicherlich die Hauptursache dafür, daß sich nach Wiederaufbau und Wirtschaftswunder eine landwirtschaftliche Überproduktion entwickelt hat, in der auch das Fleisch, als Massenware produziert, nun allen Nachholbedarf unserer Vorgenerationen ausgleichen soll. Aber die Magie und die männliche Mystik des Fleischgenusses sind auch an viel älteren Beispielen erkennbar. An der Tafel Karls des Großen saß einmal ein Mann, der dem Kaiser dadurch auffiel, daß er alle Bratenknochen aufs säuberlichste abnagte, sogar alle größeren Fleischknochen zerbrach, um ihnen das Mark auszusaugen. Karl äußerte sich darüber zu seinen unmittelbaren Tischgenossen, daß es sich ganz bestimmt um einen heldenhaften Krieger handeln müsse . . .

Einen unmittelbaren Zusammenhang zwischen Fleischgenuß, kriegerischer Männlichkeit und hierarchischer Machtposition finden wir in allen alten Kulturen, bei sogenannten Naturvölkern bis heute. Das beste Stück Fleisch gehörte den stärksten Kriegern, den großen Häuptlingen, den Monarchen und als Opfergabe den höchsten Göttern.

Die erste Wahl an der geschlagenen Beute hat in der Savanne der ranghöchste Löwe des Rudels, obwohl es die Löwinnen sind, die die Beute in Teamarbeit jagen. In unseren bäuerlichen, bürgerlichen und traditionellen Arbeiterfamilien wurde und wird dem Hofbauern, dem Vater, dem ranghöchsten „Familienernährer" die größte Fleischportion vorgelegt, selbst wenn es die einzige ist. Ein grober Vergleich? Um so besser. Unter diesem Gesichtspunkt der offensichtlich wenig veränderten Traditionen und Neigungen scheint das alte kirchliche Fleischverbot für die Fasttage wieder interessant. Selbstvertändlich wird es heute nicht mehr so eng zu sehen sein. Aber ist es nur ein „grüner" Gedanke, daß der Überkonsum an Massenfleisch dazu geführt hat, daß die sogenannte Fleischproduktion, die Massentierzucht, die Batteriegehege, die vollautomatischen Riesenställe mit gefängniszellenähnlichen Schnellmastboxen, diese artfremde Vergewaltigung der Schlachttiere, auch die Menschenwürde in Zweifel zieht? Vielleicht ist der freiwillige Fleischverzicht gerade unter diesem Gesichtspunkt schon wieder eine besonders moderne Fastenauffassung. Abgesehen von allen immer wieder vorgebrachten medizinischen Bedenken gegen tägliches tierisches Eiweiß und Fett.

Ist der Fischgenuß eine Alternative? Hier wären alle jene Forellen und Karpfen zu befragen, die in den professionellen Wasserfarmen ebenfalls ein sehr gedrängtes Warten auf die Fischbank durchmachen. Aber – noch – sind Fische stumm.

Fische

GEBRATENE HERINGE
Ein Rezept aus Schleswig-Holstein
„Karfreitag gab es die immer zu Hause in Kiel, aber ich hab'
sie nie gemocht", vermerkt die Köchin lakonisch.
Grüne Heringe sind jene Heringe, die frisch auf den Markt
gebracht werden. Je frischer sie auf den Tisch kommen, de-
sto feiner ist ihr Geschmack. Die Fische müssen gut ge-
schuppt und gereinigt werden. Auch Kopf, Flossen und Gräten sollten entfernt werden.

1 kg grüne Heringe, Mehl zum Wenden, Öl zum Anbraten
Die Heringe werden gesäubert, in Mehl gewendet und in
heißem Fett auf beiden Seiten goldbraun gebraten. Dazu ißt
man Kartoffelsalat oder Béchamelkartoffeln.

EINGELEGTE HERINGE

Vorbereitungszeit: 2 bis 3 Tage!
Gebratene, abgekühlte Heringe (so viele vorhanden sind),
Zwiebeln, Lorbeerblätter, Senfkörner, Pfefferkörner, Dill. Für
den Sud: Essig, Salz, Zucker
Gebratene, abgekühlte Heringe (am besten brät man gleich
einige mehr, wenn es zum Mittagessen warme Bratheringe
gibt), legt man schichtweise mit reichlich Zwiebelringen in
eine irdene Schüssel, gibt Lorbeerblätter, Senfkörner, Pfefferkörner und einen Stamm Dill darüber und übergießt alles,
bis es vollständig bedeckt ist, mit folgendem Sud: Zwei Teile
Essig werden mit einem Teil Wasser aufgekocht, gesalzen
und mit einer Prise Zucker verfeinert. Nach 2–3 Tagen kann
man die Heringe essen, sie schmecken besonders gut zu
Bratkartoffeln.

HERINGSSALAT

300 g Kartoffeln, 200 g grüne Bohnen (Fisolen), 200 g Sellerie-
knolle, 200 g Äpfel, 300 g marinierte Heringsfilets, Salz, Pfeffer,
2 Teelöffel Kapern, $^1/_2$ Teelöffel Zucker, Senf, $^1/_8$ l saure Sahne
(Sauerrahm), $^1/_8$ l Leichtmayonnaise

Kartoffeln kochen, schälen und in Würfel schneiden. Grüne
Bohnen putzen, in 3 cm lange Stücke schneiden, kochen.
Sellerie schälen, kochen und würfelig schneiden, Äpfel schälen und würfeln. Die Heringsfilets in Stücke schneiden.
(Sind Zwiebelringe beim Hering, so werden sie etwas kleiner
gehackt und ebenfalls in den Salat gemischt.) Alle Zutaten in
einer großen Schüssel vermischen. Für die Marinade Sahne
und Leichtmayonnaise gut verrühren, gehackte Kapern und
die Gewürze dazugeben. Marinade unter den Salat mischen.
Übrigens: Heringssalat mit roten Rüben ißt auch unsere Köchin aus Kiel in Schleswig-Holstein gerne, zumeist bereitet
sie diese Speise für den Mittag des Heiligen Abends vor,
denn „da hat man ohnehin nicht viel Zeit. Und den Heringssalat kann ich vorkochen."

FISCHSALAT

500 g Fischfilets oder tiefgekühlte Fischstücke, Salz, Saft einer
halben Zitrone, 1 Lorbeerblatt, Thymian, 500 g Kartoffeln,
100 g Essiggurken. Für die Marinade: $^1/_8$ l saure Sahne
(Sauerrahm), $^1/_8$ l leichte Mayonnaise, Salz, Pfeffer,
1 Knoblauchzehe, $^1/_2$ Teelöffel Senf, 1 Eßlöffel Kapern

Kartoffeln kochen, schälen, abkühlen lassen. Fischfilets waschen (auftauen lassen), salzen und mit Zitrone beträufeln. In
eine Pfanne geben und im eigenen Saft auf kleinster Flamme
weich dünsten. Fische in kleine Stücke schneiden. Essiggurken grob hacken, Kartoffeln in Würfel schneiden. Fische,
Essiggurken und Kartoffeln in einer großen Schüssel mitein-

ander vermischen. Für die Marinade Sahne und Mayonnaise gut verrühren, Knoblauch hineinpressen, gehackte Kapern und die Gewürze dazugeben. Marinade über den Salat gießen, gut durchmischen und zumindest 15 Minuten stehenlassen. Dazu paßt Schwarzbrot.

Schwarzfisch (Karpfen auf Wiener Art)

Karpfenfilets (1 pro Person), 1 kleine Zwiebel, Pfefferkörner, Salz, 1 Knoblauchzehe, Thymian, 2 Eßlöffel Essig, 40 g Butter, 40 g Zucker, 30 g stiftelig geschnittene Mandeln, 30 g Nüsse, 30 g Rosinen, 30 g Dörrpflaumen, 30 g Feigen, Saft einer halben Zitrone, 1 Glas Kognak, 1/8 l Rotwein, 1/8 l Weißwein, Saft einer Orange, 60 g geriebener Pfefferkuchen (Lebkuchen)

In einen Topf mit kaltem Wasser gibt man Zwiebel und Knoblauch, in grobe Stücke geschnitten, Pfefferkörner, Salz, Thymian und Essig. Wenn der Sud zu kochen beginnt, die Karpfenstücke einlegen. Auf kleiner Flamme etwa 10 Minuten kochen lassen. (Die Fische sollen nicht zu weich sein!) Mit einer Schaufel aus dem Wasser heben. Dörrpflaumen und Feigen in kleine Stücke schneiden, Nüsse grob hacken. In einer nicht zu kleinen Pfanne die Butter erhitzen, Zucker dazugeben und langsam zergehen lassen. Mandeln und Nüsse unterrühren, dann die Rosinen, Dörrpflaumen und Feigen beigeben. Alles einige Minuten gut durchschwitzen lassen. Mit Zitronensaft und Kognak ablöschen, Rotwein, Weißwein und Orangensaft unterrühren und nochmals gut aufkochen lassen. Danach den geriebenen Pfefferkuchen dazugeben und aufkochen lassen. Wenn die Soße zu dick ist, noch etwas Rotwein, aber auch Wasser zugießen. Nun werden die vorgekochten Karpfenstücke eingelegt und langsam weich gedünstet.

PIKANTES FISCHFILET
Ein Rezept aus dem Sulzer Kochbuch

600 g Dorschfilets (frisch oder tiefgekühlt), 120 g Margarine,
1 Zwiebel, 1 Knoblauchzehe, 2–3 säuerliche Äpfel, 2–3 Eßlöffel
Tomatenmark, Petersilie, 1/8 l saure Sahne (Sauerrahm), Salz,
eventuell 1 Dose weiße Bohnen

Zwiebel fein schneiden, Äpfel schälen und blättrig schneiden. Margarine zerlaufen lassen, Zwiebel und die zerdrückte Knoblauchzehe darin aufschäumen lassen. Die Äpfel dazugeben, nach etwa 3 Minuten Tomatenmark einrühren. Etwas heißes Wasser zugeben, Deckel aufsetzen und etwa 5 Minuten dünsten lassen. Fischfilets salzen und in die langsam köchelnde Masse einlegen. Sahne gut durchrühren und darübergießen. Etwa 20–25 Minuten dämpfen. Petersilie hakken und über die fertige Speise streuen. Dazu passen Salzkartoffeln.

Die Köchin rät: „Wenn Sie eine große Familie haben, geben Sie der Gemüsemasse eine Dose weiße Bohnen bei. Schmeckt ausgezeichnet!"

FISCH-CURRY NACH ART DES HAUSES
Ein Rezept aus dem Lustenauer Kochbuch

800 g Fischfilets, Saft einer Zitrone, Salz, 1/4 l Wasser (besser:
Fischbrühe), 40 g Butter, 2 Eßlöffel Curry, 40 g Mehl,
1/4 l Suppe, 5 Tomaten (oder eine Dose geschälte Tomaten) ,
4 Eßlöffel saure Sahne (Sauerrahm), 1 Prise Zucker, Pfeffer

Filets unter fließendem Wasser abspülen, trockentupfen, mit Zitronensaft beträufeln und salzen. Wasser in einem Topf zum Kochen bringen, Filets einlegen und zugedeckt bei schwacher Hitze 7–10 Minuten dünsten lassen. Die Fischfilets vorsichtig herausnehmen und in Stücke schneiden, die Fischbrühe aufbewahren. Suppe erwärmen. Tomaten schälen und in Würfel schneiden. Butter in einem Topf erhitzen, Curry und Mehl beigeben. Unter ständigem Rühren Fischbrühe und heiße Suppe dazugießen. Nun erst die Fischstükke, dann die Tomaten in die Soße geben. Auf kleiner Flamme dünsten lassen. Achten, daß die Fischstücke nicht zu weich werden, sonst zerfallen sie! Fisch-Curry vom Herd nehmen, Sahne einrühren und mit Salz, Pfeffer und Zucker abschmecken. Dazu paßt Reis.

FISCHGULASCH

700 g Fischfilets, etwas Öl, Salz, Saft einer Zitrone, 2 Zwiebeln,
1 Knoblauchzehe, 30 g Mehl, 3 Eßlöffel Tomatenmark,
$^1/_8$ l Weißwein, $^3/_8$ l Suppe, 1 Dose geschälte Tomaten (oder
4 frische Tomaten), Pfeffer, 2 Teelöffel edelsüßer Paprika,
$^1/_2$ Bund gehackte Petersilie, 1 Eßlöffel Mehl

Tiefgekühlte Fischfilets auftauen lassen, mit Zitronensaft beträufeln und ziehen lassen. Öl in einem Topf erhitzen, grobgeschnittene Zwiebeln und Knoblauch gut anrösten. Tomatenmark dazugeben und mit Wein und Suppe aufgießen. Auf kleiner Flamme 5 Minuten köcheln lassen. Tomaten in Stükke schneiden (frische Tomaten schälen). In die Soße geben, salzen und pfeffern, Paprikapulver und Petersilie einstreuen, gut durchrühren und weiter sanft köcheln lassen. Die Fischfilets in Würfel schneiden und in die Soße legen. 15 Minuten ziehen lassen. Das Mehl mit kaltem Wasser gut abrühren, fünf Minuten vor Ende der Kochzeit in das Fischgulasch einrühren und weiterköcheln lassen, damit es die Soße bindet. Zum Fischgulasch passen Salzkartoffeln, aber auch Reis oder Teigwaren.

FISCHAUFLAUF

*700 g Fischfilets (z. B. Kabeljau), 1 kg Kartoffeln, Saft einer
Zitrone, Salz, Pfefferkörner, 1 Lorbeerblatt, 2 Zwiebeln, Pfeffer,
Salz, $^1/4$ l saure Sahne (Sauerrahm), 1 Ei, 2 Eßlöffel Butter,
etwas Margarine*

Kartoffeln nicht zu weich kochen, schälen und auskühlen
lassen. Fisch waschen (Tiefkühlfisch auftauen lassen), mit
Zitronensaft beträufeln. Wasser mit Salz, Pfefferkörnern und
Lorbeerblatt zum Kochen bringen, den Fisch einlegen und
5 Minuten ziehen lassen. Abgekühlt in Stücke schneiden.
Kartoffeln in Scheiben, Zwiebeln in Ringe schneiden. Eine
Auflaufform einfetten und mit Kartoffelscheiben dicht belegen, salzen. Darauf kommt nun eine Lage Fisch, die ganz
leicht gepfeffert wird. Zwiebelringe darauflegen. Nun wieder eine Schicht Kartoffeln. In dieser Reihenfolge weiter-
schichten, den Abschluß bilden in jedem Fall Kartoffeln. Die
Sahne mit dem Ei gut verrühren und über die Kartoffeln
gießen. Butterflöckchen daraufsetzen und im vorgeheizten
Ofen bei mittlerer Hitze eine halbe Stunde backen. Dazu
paßt Salat.

FISCH AUF LAUCHGEMÜSE

*500 g Lauch, 1 Knoblauchzehe, etwas Öl zum Anrösten,
$^1/2$ Becher Crème fraîche, Salz, Pfeffer, $^1/2$ Suppenbrühwürfel,
700 g Fischfilets (auch Tiefkühlfisch), Saft einer halben Zitrone*

Fisch waschen, mit Zitrone beträufeln. Lauch waschen, putzen und in Ringe schneiden. Knoblauch fein hacken. Öl in
einer Pfanne erhitzen, Lauch und Knoblauch darin anbraten.
Mit Salz, Pfeffer und Suppenwürfel würzen und weich dünsten. (Das Gemüse sollte möglichst nicht mit Wasser oder
einer anderen Flüssigkeit aufgegossen werden. Keine Sorge,
wenn es etwas trocken ist, der Fisch gibt ohnehin Wasser

ab.) Crème fraîche unterrühren und das Gemüse in eine kleine Auflaufform (mit dazu passendem Deckel) füllen. Die Fischstücke hineinlegen, leicht pfeffern. Die Auflaufform gut verschließen und im Ofen bei mittlerer Hitze etwa 20 Minuten ziehen lassen.

FISCH IN DILLSOSSE

700 g Fischfilets (z. B. Dorsch, auch Tiefkühlfisch), 2 Bund Dill, 40 g Margarine, 30 g Mehl, 1/4 l Milch, Saft einer halben Zitrone, 1/16 l Weißwein, Salz, Pfeffer, Worcestersauce
Die Fischfilets (Tiefkühlfisch muß nicht aufgetaut werden) in eine Pfanne geben, mit Zitrone beträufeln und mit Wein übergießen. Mit einem Deckel gut verschließen und bei schwacher Hitze weich dünsten lassen. In einer zweiten Pfanne die Margarine heiß werden lassen, Mehl zugeben, mit Milch aufgießen und unter ständigem Rühren zum Kochen bringen. 5 Minuten leicht köcheln lassen. Die Fische, wenn sie gar sind, aus der Pfanne nehmen und warm halten. Den Kochsud abseihen und die weiße Soße damit verdünnen. Mit Salz, Pfeffer und Worcestersauce abschmecken. Dill fein hacken und in die Soße rühren. Die heißen Fischstücke mit der Soße übergießen. Dazu passen Salzkartoffeln.

FISCH IN BIERTEIG
Ein Rezept aus dem Lustenauer Kochbuch

750 g Fischfilets (Kabeljau, Schellfisch, Dorsch usw.), Salz, Pfeffer, Saft einer halben Zitrone, die andere Hälfte zum Garnieren aufbewahren. 1 Teelöffel Senf, 1/4 l Bier, 8 gehäufte Eßlöffel Mehl, 2 Eßlöffel Öl, 1 gestrichener Teelöffel Zucker, Öl zum Ausbacken
Fischfilets salzen, pfeffern und mit Zitronensaft beträufeln

155

(Tiefkühlfisch auftauen lassen). Bier in eine Rührschüssel gießen, Mehl unterrühren, Öl, Zucker und Salz zugeben. Gut durchmischen, damit ein glatter Teig entsteht. Öl in einer Pfanne erhitzen. Die Fischfilets in den Bierteig tauchen und in das heiße Öl geben. Goldbraun backen und danach gut abtropfen lassen. Mit Zitronenscheiben garnieren. Dazu paßt Kartoffelsalat.

ZANDER AUF MÖRBISCHE ART

800 g Zanderfilets, Mehl zum Bestäuben, Öl zum Anbraten,
2 kleine Zwiebeln, 1 Knoblauchzehe, 3 Tomaten, 2 grüne
Paprikaschoten, 1 rote Paprikaschote, 100 g Champignons,
40 g Öl, 1/8 l Weißwein, 1 Eßlöffel Senf, 2 Eßlöffel
Tomatenketchup, Salz, Pfeffer, Rosenpaprika, 1 Eßlöffel Mehl,
Saft einer halben Zitrone, fein geschnittenes Dillkraut
Zwiebeln fein schneiden, Paprika in Streifen, Knoblauch in Stücke, Champignons blättrig schneiden. Tomaten schälen und würfeln. Öl in einer Pfanne erhitzen, Zwiebeln und Knoblauch anrösten, Paprikaschoten dazugeben und alles durchrösten, dann 7 Minuten gut dünsten lassen. Champignons und Tomaten unterrühren, mit Wein aufgießen. Senf, Ketchup und die Gewürze dazugeben und auf kleinster Flamme weich dünsten. Zanderfilets waschen und trockentupfen. Fisch mit Mehl bestäuben. Öl in einer Pfanne erhitzen, Fisch beidseitig darin anbraten. Den gebratenen Fisch in die Soße legen und bei geringster Hitze ca. 15 Minuten dünsten lassen. Vor dem Servieren mit Dill garnieren. Dazu passen Salzkartoffeln.

„Das ist die Festtagsspeise im Kloster, wenn ein Festtag gerade auf den Freitag fällt", erzählt Frau Waltraud, Stiftsköchin aus Heiligenkreuz. „Für einen Fasttag wäre dieser Fisch ja viel zu teuer."

Betrachtungen

über erste, zweite und dritte Welten

Es braucht sicher Impulse, es braucht Motivation, um fasten zu können, um fasten zu wollen. Impulse, die in unserem Denken, Wollen und Können verankert sein müssen. Aber meistens werden es Motivationen sein, die von außen kommen. Ich finde es sogar gut, daß wir Menschen fähig sind, auf Impulse von außen zu reagieren. Diese Fähigkeit hat auch dem Fasten im Lauf der Geschichte neue Impulse gegeben.

Ein für mich bedeutender Mensch, eine Frau, hat ihr ganzes Leben umgestellt, nachdem sie den bittenden und fragenden Blick eines Kindes gesehen hatte, dem sie in einem Land der dritten Welt begegnet war. Ich mag diesen Begriff „dritte Welt" allerdings gar nicht. Weil er indirekt und unbewußt, aber doch ganz deutlich unterstellt, daß es eine erste und zweite Welt gibt, wobei wir natürlich zur ersten gehören, was uns dann auch berechtigt, uns als Erste zu fühlen und auf andere herabzublicken.

Dabei sollte man bedenken, welche Gelegenheiten die dritte Welt uns schon geboten hat, Menschenliebe zu entwickeln. Ich verstehe heute unter Fasten vor allem auch die Einstellung, daß wir durch die Hilfe in der dritten Welt selbst seelisch, geistig und menschlich bereichert werden. Dazu gehört auch die Erkenntnis, daß die Menschen der dritten Welt um nichts weniger menschenlieb sind als wir. Woran es ihnen mangelt, ist die Möglichkeit, sich dort zu entwickeln, wo nur mit materieller Hilfe eine Entwicklung möglich ist. Ansonsten kann Hilfe nur eine Solidaritätserklärung sein.

Ich finde daher, daß in Tagen und Zeiten wie diesen jene Menschen besonders gute Faster und Christen sind, die sich zum Beispiel in Selbstbesteuerungsgruppen zusammentun. Indem diese Menschen selbst finanziell abspecken, schaffen sie Möglichkeiten, mehr Mensch zu werden. Dieses Fasten gehört zu den großartigsten Erkenntnissen jener Wahrheit, die im Neuen Testament lapidar so heißt: „Geben ist seliger denn nehmen." Oder, ganz schlicht gesagt: Wer gibt, wer freiwillig gibt, wird glücklicher. Sei es nun in finanzieller Hinsicht oder sei es, daß er, weil er jemanden glücklicher, fröhlicher macht, erkennen darf, daß er selbst dabei auch glücklicher wird. Der Geber lebt auf, der Geizige schrumpft zusammen in ungeteilter Einsamkeit.

Vom Kochen und vom Pferdebrot

Auch ein Fastengedanke

Barbara kann nicht kochen. Aber manchmal tut sie es gerne, weil sie Gäste hat. Dann wählt sie aus einem bunt bebilderten Kochbuch eine dem Anlaß gemäße Rezeptur und begibt sich zum Einkauf. Nun lassen sich Zutaten nicht immer aufs Gramm genau kaufen. Barbara kocht aber aufs Gramm genau. Daher bleiben Zutaten und Nahrungsmittel übrig, die im Kühlschrank oder im Küchenkasten aufbewahrt werden. Bis sie verdorben sind und weggeworfen werden müssen. Denn wie sollte Barbara sie weiterverwenden? Sie kocht ja erst wieder in drei bis vier Wochen, und dann wahrscheinlich ein anderes Gericht mit anderen Zutaten.

Leas Kochkünste sind wie aus dem Bilderbuch. Nicht nur handwerklich perfekt, sondern auch optisch vollendet. Ein von ihr kredenztes Abendessen ist schöner anzuschauen als das im großformatigen Kochbuch entsprechende Prachtfoto. Und es schmeckt köstlich: das Gemüse knackig, der Fisch auf den Punkt pochiert, das Fleisch à point gegrillt, das Soufflé ein auf der Zunge schmelzender Traum. Mit einem Wort: eine Perfektion. Lea hat nicht Barbaras Probleme, sie kocht täglich für die Familie und oft liebevoll für Gäste. Nur ab und zu verbleiben auf den Servierplatten nicht restlos verzehrte Köstlichkeiten oder Beilagen. Und dann wirft Lea nach dem Mahle das alles einfach weg. Es würde ihr nie einfallen, einmal Zubereitetes wieder aufzuwärmen oder für andere Gerichte weiterzuverwenden.

Anneliese wiederum ist festen Glaubens, daß alle verpackten Lebensmittel, die marktordnungsgemäß mit einem Ablaufdatum versehen sind, schon am Tag dieses Ablaufdatums ungenießbar und verdorben sind. Und daher ungeprüft in den Abfalleimer müssen. Was „abgelaufen" ist, kann nicht mehr genießbar sein, und wenn doch, ist es ihr nicht mehr wertvoll genug.

Sascha füllt seinen Kühlschrank regelmäßig mit allem, was eben so im Haus sein muß. Als Single-Hausmann verbraucht er kaum ein Drittel des Vorrats bis zum jeweiligen Ablaufdatum. Weitere Vorgangsweise – siehe Anneliese.

Unglaubliche Beispiele?

Die Namen der jungen Damen und Herren sind selbstverständlich frei erfunden. Die Fallstudien sind aber echt und aus dem Leben gegriffen. In allen Beispielen handelt es sich um junge Menschen, die aus einfachen Familien stammen und keinesfalls im exaltierten Luxus aufgewachsen sind. Trotzdem ist es schwer, mit ihnen über diese ungeheure Nahrungsverschwendung zu diskutieren. Hinweise auf täglich im Fernsehen zu sehende Hungergestalten und Elendskinder greifen nicht. „Denen könnte ich das doch ohnehin nicht hinschicken ..." Wir leben in einer Überfluß- und Verschwendungsgesellschaft. Wer einen durchschnittlichen Supermarkt betritt, befindet sich – global gesehen – schon in einem Schlaraffenland, dessen überdimensionale Märchenhaftigkeit uns gar nicht mehr bewußt wird.

Nun gut, die genannten Essenswegwerfer sind zu jung, haben Not- und Hungerjahre nicht bewußt erlebt. Aber was ist mit der Großmutter, die beim Metzger zornbebend eine bereits angebissene Wurstsemmel, die sie für das Enkelkind gekauft hat, reklamierend zurückschleudert, weil, wie sie lautstark zum Ausdruck bringt, es eine Frechheit sei, daß die Semmel offensichtlich vom Vortag stammt?

In einem Reitstall werden Woche für Woche sackweise Brotwecken und Weißgebäck abgeliefert. Die Bäckereien, die dieses „Pferdefutter" kostenlos spendieren, erklären dies damit, daß die Backwaren unverkäuflich seien. Es ist die gesammelte unverkaufte Ware des Vortages. Und, wie freundlich dazu erklärt wird, die Pferde können so etwas ja noch essen. Andernfalls müßte man es verbrennen. Die ausländischen Stallburschen nehmen die Spenden mit Freude für die begeistert wiehernden Vierbeiner entgegen, verköstigen sich aber aus dem Deputat auch selber. Denn die Sachen, bestätigen sie kauend, seien tadellos.

Beispiele aus der gehobenen Gastronomie, was mit luxuriöseren Nahrungsmitteln und Speisen geschieht, die von Banketten oder großen Buffets übrigbleiben, sollen hier gar nicht angeführt werden . . .

Wir leben in einer Wohlstandshysterie. Maßlos, gedankenlos, verständnislos. Wahrscheinlich wäre die Fastenbotschaft der Pfarrersköchinnen für Barbara, Lea, Anneliese, Sascha und zahlreiche andere viel weniger jene, von Speisegeboten und kalendarischen Vorschriften zu reden, als von der natürlichen, menschlichen, also hauswirtschaftlichen Demut: Sparsamkeit, Achtsamkeit und planvolle Verantwortlichkeit für alles Gute, das Leib und Seele zusammenhält; geschickte Resteverwertung, rechtzeitiger Verbrauch von Verderblichem, Materialkunde und die Kunst, auch mit schlichten Ingredienzien „kulinarische Bestleistung" zu zeigen. Sie meinen, das würde die freie, westliche, marktwirtschaftliche Produktions-Konsum-Spirale glatt verlangsamen?

Ja, vielleicht.

Aber das ist durchaus ein Fastengedanke.

Kleine und feine Speisen

Rühreі (Eierspeise)
mit Sonnenblumenkernen und Sesam

7 Eier, 7 Eßlöffel Schlagsahne (Obers), frisch gemahlener Pfeffer,
40 g Butter, 2 Teelöffel Sonnenblumenkerne, 2 Teelöffel
Sesamsaat, 1 Bund frische Kräuter nach Wahl
Eier und Schlagsahne kräftig verrühren, salzen, pfeffern.
Sonneblumenkerne und Sesamsaat in einer beschichteten
Pfanne ohne Fett kurz anrösten. Kräuter fein hacken. But-
ter sehr heiß werden lassen, Eiermischung eingießen und
bei schwacher Hitze stocken lassen. Am besten mit einer
Gabel immer wieder am Rand etwas lockern. Vor dem
Servieren die gerösteten Kerne und die gehackten Kräuter
über das Rührei streuen. Dazu paßt Bauernbrot und Gur-
kensalat.

Omelettes

Grundrezept:
Pro Person 2 Eier, 2 Eßlöffel Milch, Salz; Butter zum
Herausbacken
Eier und Milch verrühren, leicht salzen. Butter in einer
Pfanne heiß werden lassen, Eier eingießen. Die Eier nicht
zerrühren, sondern während des Bratens mit einer Gabel
vom Rand wegbewegen. Auf der Unterseite goldbraun bakken, die Oberseite muß cremig sein. Einen Teller vorwär-
men, das Omelett aus der Pfanne darauf gleiten lassen. Nun
die vorbereitete Fülle darauflegen und das Omelett in der
Mitte zusammenschlagen.
Für die Omelettenfülle eignen sich die verschiedensten Gemüse, zum Beispiel:

Erbsen: in Zuckerwasser weich gekocht, abgegossen, leicht gewürzt.

Champignons: blättrig geschnitten, in etwas Butter angeschwitzt und gewürzt.

Spinat: Blattspinat in Butter weich gedünstet, mit einer gepreßten Knoblauchzehe, Salz und Pfeffer gewürzt.

Brennesseln: Brennesselspitzen und -blätter fein gehackt, in Butter angeröstet, gesalzen und gepfeffert.

Das Omelett kann aber auch mit *Fisch* gefüllt werden: Entgräteter Fisch wird in Stücke geschnitten, gesalzen, gepfeffert, mit etwas Zitrone beträufelt und in Butter gedünstet.

Dazu paßt Salat und Bauernbrot.

LIPTAUER KÄSE
Ein Rezept aus dem Lustenauer Kochbuch

250 g Quark (Topfen), 100 g Butter, 2 Eßlöffel saure Sahne (Sauerrahm), 1 Teelöffel Senf, 8 Kapern, 1 Sardelle (oder 1 Eßlöffel Sardellenpaste), 1 kleine süß-saure Essiggurke, Kümmel, Pfeffer, Salz, 1 Teelöffel edelsüßer Paprika, 1 kleine Zwiebel

Zwiebel fein schneiden, Kapern und Gurke fein hacken, Sardelle zerdrücken. Butter schaumig rühren, Quark dazugeben (wenn er bröckelig ist, vorher passieren). Zwiebel, Senf, Kapern, Gurke, Sardelle untermischen. Mit Kümmel, Salz, Paprika und Pfeffer würzen. Saure Sahne dazugeben und gut durchmischen.

Die Köchin empfiehlt: Eine Paprikaschote nehmen, aushöhlen und den Liptauer einfüllen. Mindestens 2 Stunden im Kühlschrank ziehen lassen. Liptauer in der Paprikaschote servieren.

KÄSE-LAUCH-TOAST
Ein Rezept aus dem Lustenauer Kochbuch

4 große Toastbrotscheiben, 2 Eßlöffel Weißwein, 20 g Butter,
1 Lauchstange, 150 g fettreicher Quark (Topfen), 1 Ei, 150 g
weicher Rahm-Brie, 50 g Reibkäse, wenig Salz, Pfeffer, Paprika
Die Toastbrotscheiben mit Weißwein beträufeln. Die
Lauchstange waschen und in Scheiben schneiden. Butter in
einer Pfanne erhitzen, Lauch darin etwa 3–4 Minuten andünsten. Rahm-Brie in Würfel schneiden. Den Lauch vom
Herd nehmen, etwas überkühlen lassen. Quark, Brie-Wür-
fel, Ei dazugeben und mit Salz, Pfeffer und Paprika würzen.
Diese Masse auf die Toastbrotscheiben streichen und im
Backofen bei 220 Grad goldgelb überbacken.

TOASTBROTE

6–8 Scheiben Kastenbrot (viereckig gebackenes Brot), 30 g
Butter, 20 g Mehl, $^1/_8$ l Milch , Salz, Pfeffer, 200 g geriebener
Käse, 1 grüne Paprikaschote, 2–3 Essiggurken, 2 Tomaten,
2 gekochte Eier, 1 Bund Petersilie, 1 rohes Ei
Das Gemüse in kleine Stücke schneiden. Gekochte Eier und
Petersilie hacken. Butter in einer Pfanne schmelzen, Mehl
dazugeben und hell anrösten lassen, mit Milch aufgießen,
gut durchrühren. Mit Pfeffer und Salz abschmecken. Gemü-
sestücke, das rohe Ei, die gehackten Eier, die Petersilie und
den geriebenen Käse dazugeben und gut durchmischen. Die
Masse auf die Brote streichen und im Ofen bei mittlerer
Hitze überbacken.

OMAS BROTWÜRFEL
Ein Rezept aus dem Lustenauer Kochbuch

4 Eßlöffel Butter, 400 g altbackenes Weißbrot, würfelig geschnitten, 75 g Emmentaler, 75 g Gorgonzola, $1/8$ l Apfelwein, Pfeffer, Kresse

Emmentaler reiben, Gorgonzola mit einer Gabel zerdrükken. Butter in einer Pfanne erwärmen, die Brotwürfel darin knusprig rösten. Nun beide Käsesorten darübergeben und gut durchmischen. Den Apfelwein dazugießen, dabei ständig umrühren. Auf kleiner Flamme so lange garen lassen, bis der Käse geschmolzen ist und das Brot umgibt. Mit Pfeffer würzen und mit Kresse bestreut servieren. Dazu paßt Salat oder Apfelmus.

HERZHAFTER NUDELSALAT

200 g Vollkornnudeln, 1 rote Paprikaschote, 1 Dose Gemüsemais, 1 kleine Zwiebel, 1 Dose Thunfisch, 1 Bund Schnittlauch oder andere Kräuter, 1 gekochtes Ei. Für die Marinade: 1 Eßlöffel Essig, 3 Eßlöffel Öl, Pfeffer, Salz

Teigwaren in Salzwasser kernig kochen, abseihen und gut abtropfen lassen. Zwiebel fein, Paprika nudelig schneiden, Mais und Thunfisch aus der Dose gut abtropfen lassen. In einer großen Schüssel Gemüse und die abgekühlten Teigwaren mischen, pfeffern, salzen. Öl und Essig darübergießen und gut durchmischen. Dann den Thunfisch vorsichtig durchmischen. Den Salat mit geschnittenem Schnittlauch und dem gekochten Ei garnieren.

LÖWENZAHNSALAT
Ein Rezept aus dem Lustenauer Kochbuch

1 Schüssel junge Löwenzahnblätter, 2 gehackte Zwiebeln,
1 Knoblauchzehe, 2 Eßlöffel Distelöl, 2 Eßlöffel Zitronensaft,
1 Eßlöffel Senf, etwas Pfeffer, 1 hartgekochtes Ei, Kräutersalz

Löwenzahnblätter waschen und in Streifen schneiden. Zwiebeln fein hacken. Das kleingeschnittene Ei mit Zitronensaft, Senf, Pfeffer, Salz und Öl sehr gut vermischen. Die Zwiebeln und den gepreßten Knoblauch unter die Blätter mischen. Salatmarinade drübergießen und gut abmischen. Dazu paßt Schwarzbrot.

QUARK-(TOPFEN-)SPINAT-NOCKERLN
Ein Rezept aus dem Lustenauer Kochbuch

250 g Quark (Topfen), Salz, 2 Bund frische Kräuter, 2 Eier,
2–3 Eßlöffel blanchierter Blattspinat (auch Tiefkühlspinat),
8 Eßlöffel Vollkornweizenmehl, 60 g Butter, eventuell geriebener
Hartkäse

Kräuter und Spinat fein hacken. Quark, Salz und Eigelb cremig rühren. Das Mehl und den Spinat unterrühren und etwa 10 Minuten quellen lassen. Aus den Eiklar einen steifen Schnee schlagen. Kräuter und Eischnee in die Quarkmischung rühren. Mit einem Eßlöffel Nockerln ausstechen und etwa 3–4 Minuten in siedendem Salzwasser ziehen lassen. Nockerln abseihen, gut abtropfen lassen und mit zerlassener Butter übergießen. Eventuell geriebenen Käse darüber streuen.

Die Köchin schreibt dazu:
„Diese Nockerln schmecken umwerfend!"

GOURMET-TERRINE
Ein Rezept aus dem Sulzer Kochbuch

150 g Quark (Topfen), 60 g Ziegenkäse, 60 g Schafskäse, 100 g Mascarpone, 2 Eßlöffel gutes Öl; 4 Blatt Gelatine, Salz, Pfeffer, 1 Knoblauchzehe, 5–7 Weintraubenbeeren; 1–2 Eßlöffel Gewürzöl, frische Kräuter (z. B. Basilikum, Thymian, Petersilie, Schnittlauch), Klarsichtfolie für die Form

Achtung: Die Terrine muß einen Tag lang im Kühlschrank stehen!
Quark (Topfen), Ziegen-, Schafskäse und Mascarpone mit einer Gabel zerdrücken, mit 2 Eßlöffel Öl vermischen und gut verrühren. Weintrauben halbieren. 4 Blatt Gelatine auflösen, die Käsemischung rasch unterrühren. Mit Salz, Pfeffer, 1 gepreßten Knoblauchzehe würzen. Die halbierten Trauben untermischen. Eine Terrinenform (Kastenform) mit Folie auslegen, die Masse einfüllen und einen Tag im Kühlschrank stehenlassen. Am nächsten Tag die Form stürzen. Die Terrine mit gehackten Kräutern bestreuen und mit Gewürzöl beträufeln.
„Gibt zwar Arbeit, aber es lohnt sich! Schmeckt exquisit!!" schreibt die Köchin schon zu Beginn. Und abschließend bemerkt sie: „Zur Terrine reicht man Blattsalat oder auch Weintrauben. Sie ist geradezu lukullisch!!!"

Ein Wort zum Schluß

Ich glaube, es ist eine gute Sache, *miteinander* zu fasten, weil eben zwei oder mehrere mehr erreichen, stärker sind. Der von mir geschätzte Autor des Buches Kohelet im Alten Testament stellt einmal (KOH 4, 9–12) lapidar fest:

„Zwei sind besser dran als einer allein. Denn wenn einer hinfällt, richtet der andere ihn wieder auf.
Doch wehe dem, der allein ist, wenn er hinfällt, ohne daß einer bei ihm ist, der ihn aufrichtet.
Außerdem: Wenn zwei beisammen schlafen,
wärmt einer den anderen,
einer allein, wie soll dem nicht kalt sein?
Und wenn jemand einen einzelnen auch überwältigt,
zwei sind ihm gewachsen,
und gar eine dreifache Schnur reißt nicht so schnell!"

So gesehen ist Fasten eine Hilfe zu einer besseren Gemeinschaft, zu einer vertiefteren Kommunikation, aber auch zu einer besseren Verständigung und zum besseren Verstehen. Zugleich ist es aber auch eine Möglichkeit, wieder lieber und bewußter essen zu können. Wer den Verzicht kennt und ihn übt, hat auch die Chance, besser genießen zu können. Denn sich immer überessen vermindert die Beweglichkeit, die geistige wie die körperliche, vermindert aber auch das Wohlbefinden. Wer gefastet hat, kann einer anderen Erkenntnis besser nachkommen, die in KOH 9, 7–10 steht:

„Iß freudig dein Brot und trink vergnügt deinen Wein;
denn das, was du tust, hat Gott längst so festgelegt,
wie es ihm gefiel.
Trag jederzeit frische Kleider,
und nie fehle duftendes Öl auf deinem Haupt.

Mit einer Frau, die du liebst,
genieß das Leben alle Tage deines Lebens,
denn das Leben ist ein Haschen nach Wind.
Genieß also die Tage,
die dir unter der Sonne geschenkt sind.
Denn das ist dein Anteil am Leben und am Besitz,
für den du dich unter der Sonne anstrengst.
Alles, was deine Hand, solange du Kraft hast,
zu tun vorfindet, das tu.
Denn es gibt weder Tun noch Rechnen, noch Können,
noch Wissen in der Unterwelt, zu der du unterwegs bist."

Leider kannte Kohelet Jesus von Nazareth noch nicht, er hätte sich den letzten Satz, in Melancholie gesprochen, ersparen können. Denn das christliche Fasten hat noch einen Aspekt, den Kohelet noch nicht kannte, daß es nämlich neben dem solidarischen, bewußtseinserweiternden und gesundheitsfördernden auch eines gibt, das Lebensfreude und -fülle schenkt. Wahres Fasten trägt im Verzicht, so paradox es klingen mag, einen Gewinn mit sich. Indem man Absterben, Abschiednehmen lernt, bekommt man zugleich Hoffnung und Freude geschenkt. Und wenn einem zu Beginn das Fasten noch so schwer gefallen ist, am Ende steht Erleichterung und Befreiung, so daß man – wieder mit Kohelet – sagen kann: „Besser der Ausgang einer Sache als ihr Anfang." Und so ist zu hoffen, daß man am Ende des Fastens diesen besseren Ausgang erleben darf, vielleicht sogar in einem Gefühl, daß man erleichtert und befreit etwas von der Freude der Auferstehung spürt, die in uns grundgelegt ist und die wir durch körperliche und geistige Entschlackung freigeschaufelt haben. Wir gehen dann durch jene Tür in das Reich des Glücks, die uns durch die Besinnung auf das Wesentliche aufgetan wird, jene Tür, die uns der geöffnet hat, der selbst die Tür ist, und hinter dieser Tür ist jegliche Offenheit und das Land der Verheißung, das im Lichte daliegt.

Danksagung

DANK für wissenschaftliche, hauswirtschaftliche und andere wertvolle Informationen gebührt:

Hilde Blass, Lauterach, Vorarlberg; Helene Buchta, Laa an der Thaya; Agnes Dobbek aus Kiel, wohnhaft in Wien; Waltraud Kraus, Stiftsköchin zu Heiligenkreuz; Elisabeth Schön und Fanny Wudernitz, Bisamberg; Oberrabbiner Paul Chaim Eisenberg, Wien; Pater Raynald Heffenmeyer, Stift Heiligenkreuz; Mag. Clemens Leonhard, Theologische Fakultät der Universität Wien; Min.-Rat M.Mag. Georg Salzner, Bundesministerium für Justiz, Wien; Alois Vergeiner, ORF Hörfunk, Abteilung Religion, Wien; den Frauen des Kirchenchores Lustenau, Vorarlberg, für ihr handgeschriebenes Kochbuch „An Guota mitonand!" und dem Kulturverein Sulz im Wienerwald für das handgeschriebene Kochbuch „So wird bei uns 'kocht!"

Hilfreiche Informationen konnten wir auch in der Bibliothek des Stiftes Klosterneuburg sammeln.

Rezeptregister

Die Rezepte sind für vier Personen berechnet.

Besinnliches für Leib und Seele

Christian Kuhn
Heilfasten
Heilsame Erfahrung für Körper
und Seele – Fasten nach der
Buchingermethode
Band 4433

Ulla Wittmann
**Ich Narr vergaß die Zauber-
dinge**
Was Märchen für das eigene
Leben bedeuten
Band 4428

Thomas Merton
Sinfonie für einen Seevogel
Weisheitstexte des Tschuang-tse
Aus dem Englischen von
Bernardin Schellenberger
Band 4421

Werner Schneyder
**Selberdenken ist auch eine
Möglichkeit**
Im Gespräch mit Gunna Wendt
Band 4412

Anthony de Mello
Zeiten des Glücks
Herausgegeben von
Anton Lichtenauer
Band 4330

Heribert Möllinger
**Homöopathie – Die große
Kraft der kleinen Kugeln**
Ein praktischer Leitfaden für
Patienten
Band 4366

Hanns Dieter Hüsch
Das Schwere leicht gesagt
Mit einem Vorwort von
Uwe Seidel
Band 4274

Tenzin Choedrak
Ganzheitlich leben und heilen
Der Leibarzt des Dalai Lama
über Vorbeugen und Therapie
von Krankheiten
Mit einer Einführung heraus-
gegeben von Egbert Asshauer
Band 4263

Hildegard von Bingen
Heilkraft der Natur – Physica
Rezepte und Ratschläge für
ein gesundes Leben
Band 4159

Niklaus Brantschen
Fasten neu erleben
Warum, wie, wozu?
Band 4058

HERDER / SPEKTRUM